Schirner Verlag

Das Buch

Die Anwendung des „modernen", d.h. unseren neuzeitlichen Bedürfnissen angepaßten, Feng Shui erfordert den optimalen Einsatz der vielfältigen Feng Shui-Hilfsmittel, die mittlerweile nicht mehr allein aus dem Ursprungsland China stammen, sondern auch in unserem westlichen Kulturkreis beheimatet sind. Seien es Tiere wie Drache, Schildkröte und Kranich oder Gegenstände wie Spiegel, Kristall, Spirale und Vase, jedes Symbol trägt eine wirkungsvolle Kraft in sich. Um diese zu entfalten, benötigt es den „richtigen" Platz. Dazu gilt es zunächst, sich dieser Kraft bewußt zu werden und sie dann entsprechend den Regeln des Feng Shui gezielt einzusetzen. Die dafür erforderlichen Kenntnisse vermitteln, alphabetisch geordnet, das hier vorliegende Buch „Feng Shui Symbole des Ostens" und sein Gegenstück „Feng Shui Symbole des Westens" – getrennt nach Symbolen des Ostens, also den „klassischen", und jenen des Westens, den „neuzeitlichen" – und werden damit zum Wegweiser und zur Entscheidungshilfe bei der Suche nach dem für den Leser richtigen Symbol an der richtigen Stelle.

Die Autoren

Christine M. Bradler, ursprünglich Gymnastiklehrerin (Bewegungstherapeutin), vervollständigte ihre Entwicklung durch Ausbildungen in Astrologie, Psychologie und Traumarbeit, wobei die kreative Symbolarbeit einen Schwerpunkt bildete. Auf diesem Weg lernte sie Feng Shui kennen und es in ihr Leben zu integrieren, was schließlich dazu führte, daß sie zusammen mit *Joachim Alfred P. Scheiner* das Institut "Feng Shui Kreativ", Rosenheim, gründete. Überzeugt von der Wirksamkeit des Feng Shui stellte sie ihre ganze Existenz um und ist mittlerweile Inhaberin eines Feng Shui-Ladens, leitet Feng Shui-Seminare und berät in Sachen Feng Shui, wobei ihr ihre mediale Arbeit, in der sie Auras liest und reinigt, wertvolle Hilfe leistet.

Dies ist das zweite bzw. dritte Werk („Feng Shui Symbole des Ostens" und „Feng Shui Symbole des Westens" erscheinen zur gleichen Zeit), das *Christine M. Bradler* zusammen mit *Joachim Alfred P. Scheiner* zum Thema Feng Shui veröffentlicht.

Joachim Alfred P. Scheiner wandte sich nach seinem Abschluß als staatlich geprüfter Techniker Studien über östliche Philosophien zu und traf dabei auf die Lehre des Feng Shui. Sie überzeugte ihn umgehend, so daß er sich bei Roger Green, William Spear und Derek Walters zum Feng Shui-Berater ausbilden ließ. Neben *Christine M. Bradler* ist auch er einer der Mitbegründer des Instituts "Feng Shui Kreativ". Daß sein Leben im Zeichen des Feng Shui steht, bezeugen seine vielfältigen Tätigkeiten in diesem Bereich: Er leitet einen Großhandel für Feng Shui-Artikel, entwickelt und erforscht neue Feng Shui-Hilfsmittel und ist auf der ganzen Welt als Feng Shui-Berater und -Seminarleiter unterwegs. Sein Arbeitsschwerpunkt bildet dabei die Bewußtmachung der Lebenssituation sowie die kreative Erarbeitung und Verwendung von Symbolen.

Christine M. Bradler
Joachim Alfred P. Scheiner

Feng Shui
Symbole
des Ostens

Illustriert von

Klaus Holitzka

Schirner ❖ Verlag

ISBN 3-930944-87-1

Umschlaggestaltung: Klaus Holitzka
Herstellung: Reyhani Druck & Verlag, Darmstadt

Inhaltsverzeichnis

Alles ist uns ein Spiegel 9
Einführung 11
Das Ba Gua 15
• Übertragung des „Ba Gua" auf einen Raum 17
• Interpretation der Ba Gua-Bereiche 18
• Anwendung des Ba Gua 27
• Das Zentrum 31
Affirmation 34

Die Symbole 35
Aquarium 36
Ba Gua-Spiegel 39
Bambus 40
Berg 42
Blumen 44
Buddha 47
Chrysantheme 49
Dickbauch-Buddha 51
Donner 53
Drache 54
Ei 57
Elefant 59
Elemente, die fünf 61
Ente 65
Fächer 67
Fahne 69
Farben 70
• Weiß 71
• Schwarz 72
• Rot 73
• Grün 74

- Gelb 75
- Blau 76
- Rosa 77
Fisch 79
Flöten 80
Glocke 83
Hausgötter 84
Himmlische Tiere, die vier 87
Hirsch 91
Kiefer 93
Knoten, der endlose 95
Kranich 97
Kuan Yin 99
Langes Leben 101
Licht 102
Lilie 105
Löwe 107
Lotos (Lotus) 109
Magisches Quadrat (Lo Shu) 111
Mandala 113
Maße 115
Münzen 119
Orchidee 123
Paravent 125
Pfirsich 127
Pflanzen 128
- Die Pflanze als Lebewesen und Energiespender 128
- Pflanzen als Luftfilter und -befeuchter 128
- Pflanzen als Schutz 129
- Pflanzen den Elementen zuordnen 129
- Standort und Pflege 130
- Symbolgehalt der Pflanzen 130
Pflaume 135
Phönix 137
Räuchern 138
Schildkröte 140

Schirm 143
Sonnenrad 145
Spiegel 146
• 1. Ausgleich von Fehlbereichen 147
• 2. Als Rückspiegel (zur Kontrolle) 148
• 3. Vergrößerung von Räumen 149
• 4. Versiegeln einer Tür 150
• 5. Ausgleich von versetzten Türöffnungen 151
• 6. Verdoppelung 151
Steine 152
Teich 154
Tiger 157
Trigramme 159
• Trigramm-Band 163
Tor 164
Vase 166
Wasser 168
Die 3 glückverheißenden Wasser 170
Windtürmchen 173
Yin und Yang 174
Zahlen 176
• Eins 176
• Zwei 176
• Drei 177
• Vier 177
• Fünf 177
• Sechs 178
• Sieben 178
• Acht 179
• Neun 179
Zimmerbrunnen 180

Index 182
Weiterführende Literatur 186
Kontaktadressen 187
Ba Gua-Schablonen 189

Vermerk

Die in diesem Buch aufgeführten Vorschläge und Gestaltungshinweise sind von den Autoren sorgfältig ausgewählt und geprüft. Es kann jedoch keine Garantie für die Wirkungsweise übernommen werden. Eine Haftung der Autoren bzw. des Verlages und seiner Beauftragten für Personen-, Sach- und Vermögensschäden ist ausgeschlossen.

Alles ist uns ein Spiegel

Wir leben nicht nur in einer Welt von Symbolen,
sondern eine Welt von Symbolen lebt in uns und durch uns.

Jeder, ob er sich dieser Tatsache bewußt ist oder nicht,
bedient sich der *Symbole:*
bei Tag und Nacht, in der Sprache, in Handlungen und Träumen.

Es gehört zum Wesen des Symbols,
daß es sich nicht auf einen festen Rahmen einengen läßt,
da es ja gerade die Extreme, Unvereinbares, Konkretes und
Abstraktes vereint
und dazu dient, als ein mit den Sinnen wahrnehmbares Zeichen
etwas anzudeuten,
das mit den Sinnen nicht wahrnehmbar ist.

Das Symbol trennt und vereint.
Es dient als Mittel zur Erkenntnis und zum Bekenntnis,
zeigt Trennung und zugleich Verbindung des Getrennten auf.

So vermittelt es eine Totalerfahrung,
ist ein Zeichen der Verknüpfung des Sichtbaren
mit dem Unsichtbaren,
der Sehnsucht nach Wiederherstellung.
So zeigt uns alles durch seinen unsichtbaren Hintergrund auf,
was uns im jeweiligen Moment trennt und ergänzt.
Dabei spielt es keine Rolle, ob es eine Situation, ein Gegenstand,
ein Mensch oder „nur" ein Gedanke,
ob es ein freudiges oder trauriges Ereignis ist.

Alles ist uns ein Spiegel

Das Wissen von
Feng Shui
bietet uns nun die Möglichkeit an,
Symbole bewußter und gezielter einzusetzen,
so daß dadurch das gesamte Umfeld harmonischer
und von jedem Einzelnen als Ganzheit erfahrbar wird.

Christine M. Bradler

Einführung

Feng Shui nennt sich die alte chinesische Kunst, Lebensräume harmonisch zu gestalten. Diese Lehre, die Volksglauben, Religion und Wissenschaft miteinander verbindet, ist längst nicht nur in China und im asiatischen Raum verbreitet, sondern hält seit einiger Zeit auch Einzug im Westen. Immer mehr Wohnhäuser oder Geschäfte werden nach Feng Shui-Richtlinien geplant und eingerichtet, denn nicht nur unsere äußere Welt, sondern auch unsere unmittelbare Umgebung beeinflußt unser körperliches und seelisches Gleichgewicht; so wirkt ein harmonischer Lebensraum positiv auf unser Wohlbefinden.

Feng Shui hat seinen Ursprung in der chinesischen Philosophie des Taoismus. Betrachtet man Feng Shui losgelöst vom Weltbild des alten China scheint es nur eine Anhäufung von alten Riten und Praktiken zu sein. In allem, was existiert, finden wir das Tao, das Absolute, die Einheit, es kennt weder Anfang noch Ende, es ist der Ursprung aller Dinge. Das Tao schuf Himmel und Erde. Wer sich mit Feng Shui beschäftigt, bekennt sich zu diesem Prinzip des Universums, das alles mit seinen Energien durchströmt.

Laotses Ausspruch bringt alles auf den Punkt: „Das Tao ist wirklich und nachweisbar, doch untätig und ohne Form. Es kann vermittelt, aber nicht empfangen werden. Es existiert in sich und durch sich selbst. Es war vor Himmel und Erde und wird in alle Ewigkeit sein. Es verlieh den Göttern ihre Göttlichkeit und der Welt ihr Dasein."

Chi, die Urenergie des Tao, verbindet und belebt alles, sie bringt alles hervor, und zu ihr kehrt alles zurück. Das Tao ist wie ein riesengroßer Ozean, der aus den Wassern des Chi besteht. Zwei Ströme durchziehen diesen Ozean, das Yin (-Chi) und das Yang (-Chi), und lassen Wellen, Wirbel und Strudel entstehen; und so ist das Tao eine unaufhörliche, fließende und niemals endende Bewegung.

Feng Shui heißt Wind und Wasser und gibt somit in Kurzform die fließende und niemals endende Bewegung des Tao wieder, die in der natürlichen Weltordnung ihren Ausdruck findet. Feng Shui beruht auf der Überzeugung, daß alles mit Leben durchdrungen ist, der Baum, der

Berg, der Stein und der Mensch, die Erde und der Himmel. Daher steht alles in unmittelbarer Beziehung zueinander. Alle Maßnahmen des Feng Shui haben das Ziel, das Gleichgewicht dieser Beziehungen zu sichern oder wiederherzustellen.

Um dieses Ziel zu erreichen sucht Feng Shui Anhaltspunkte in der Astrologie, Astronomie, bezieht Formen der Landschaft auf das Leben des Menschen, sieht in den Elementen, den Farben und den Himmelsrichtungen Hinweise für den Weg des „Schicksals".

Die Grundgedanken des Taoismus kennzeichnen die Lehre des Feng Shui. Die taoistische Lehre geht davon aus, daß die menschliche Ordnung nur ein Abbild der heiligen Ordnung ist, die wir im ganzen Universum finden und daß alles, was auf der Erde existiert, ein Abbild des Himmels darstellt. Deshalb wurde den Planeten, Sternen, Mond und Sonne von Anfang an eine übergeordnete Rolle im Feng Shui zugeordnet, weshalb das Firmament das erste Lehrbuch des Feng Shui-Beraters ist. Wußte man die Geheimnisse von Himmel und Erde zu entziffern, so glaubte man, Einfluß auf das Geschick von Nationen und Menschen nehmen zu können.

Überall in unserer Umgebung fließt die Urenergie, das Chi. Ist sein Fluß ungehindert, so besteht die Harmonie, stockt das Chi, kommt es zu einer Störung. Feng Shui bietet Methoden an, Störungen zu beheben, indem es die gestörte Harmonie zwischen Mensch, Kosmos und Tao wiederherstellt.

Wind und Wasser (Feng Shui) bezieht sich auf die Wechselwirkung des Chi mit den Kräften der Natur. Friedvolle Harmonie soll zwischen allen himmlischen und irdischen Elementen herrschen. Wir können uns entweder fatalistisch in unser Schicksal fügen oder aber unser Leben selbst in die Hand nehmen. Ergreifen wir Maßnahmen, die sich auf die Harmonie auswirken, werden wir unser Leben entscheidend beeinflussen und verbessern. So sollen wir uns als einen Mikrokosmos des Universums sehen, als Teil der Natur. Feng Shui lehrt uns, in innerer und äußerer Harmonie zu leben, also in Harmonie mit uns und unserer Umwelt.

Feng Shui ist also weit mehr als das populäre „Tao des Wohnens". Diese komplexe Lehre sollte nicht auf einfache Regeln oder Lehrsätze reduziert werden, denn ohne taoistischen Hintergrund kann man die Tiefe des Feng Shui nicht ergründen. Es ist ein religiöses System, das versucht, praktisch auf die Urkraft des Universums einzugehen. Dadurch sollen die Grenzen zwischen der alltäglichen und der heiligen Welt aufgehoben werden. Als Werkzeug hilft Feng Shui uns Menschen, uns in den Kosmos einzufügen, ermöglicht uns, über uns selbst hinauszuwachsen und so die Harmonie zu finden.

Doch was ist Harmonie oder Glück im Leben? Die taoistische Lehre des Feng Shui besagt, daß das Glück im „heilen Leben" liegt. Das Heil entspringt der Natur, einer Natur, die Mensch, Erde und Kosmos vereint. Um dieses „Heil-Sein" oder „Ganz-Sein" stetig zu erfahren, war und ist es das Bestreben des Menschen, sich mit der Natur im Kleinen, in Form von Symbolen zu umgeben.

Die Philosophie des Feng Shui zeigt uns, welches Symbol für die jeweilige Person, Situation und Umgebung, abgestimmt auf die individuellen Bedürfnisse, verwendet werden kann, um Harmonie oder Ganzheit und damit Heilung zu erreichen.

Symbole wirken über drei Ebenen, wobei eine vierte Ebene, eine uns Menschen nicht immer bewußt erfahrbare und frei verfügbare Ebene, die Grundlage bildet und in uns das Bewußtsein der Ganzheit, dem Einssein mit dem Universum und die Verbindung zum Tao, dem Absoluten, lebendig erhält. Von dieser vierten Ebene ausgehend nehmen wir auf der mentalen Ebene einen bewußten oder unbewußten Impuls wahr, daß uns etwas von der Ganzheit trennt, was uns drängt diesen Zustand zu verändern.

Auf der nächsten Ebene, der Empfindungsebene verspüren wir die Schwingung des Symbols, die sich mit unserem inneren Bedürfnis in Resonanz bewegt. Aus der ziellos und ungebändigt wirkenden Kraft des Symbols wird damit auf der energetischen Ebene diese Schwingung verstärkt und fokussiert und kann somit gezielt eingesetzt werden. Je bewußter dieser Vorgang wahrgenommen und eingesetzt wird, um so effektiver können wir diese Energie als Signal oder Mitteilung an uns und unsere Umwelt weitergeben.

Das Ba Gua

Das „Ba Gua", ein sehr effektives und einfaches Werkzeug im Feng Shui, ist ein Raster, das bei Grundrißanalysen zur Anwendung kommt. Es verkörpert die acht Lebensbereiche, und basiert auf den acht → *Trigrammen* des I Ging (Buch der Wandlungen). Nach Meinung der alten Chinesen beinhaltet dieses System alle Grundbausteine des Universums, auf denen alles Leben aufbaut. Alle energetischen Qualitäten, Gegenstände und Elemente lassen sich über die acht Trigramme beschreiben und analysieren.

Die Anordnung der Ba Gua-Bereiche entspricht der postnatalen Himmelssequenz (Späthimmel) der acht → *Trigramme*, womit eine direkte Verbindung zwischen den Trigrammen und den Lebensbereichen (= Ba Gua-Bereiche) besteht. Somit können mit Hilfe des Ba Gua einzelne Räume genau analysiert und über die gewonnenen Erkenntnisse Rückschlüsse über die Lebensgewohnheiten und die Lebensqualität gewonnen werden. Das Ziel von Feng Shui ist es, zwischen den einzelnen Ba Gua-Bereichen ein Gleichgewicht zu erzeugen, um so Harmonie, Frieden und Gesundheit in unser Leben zu bringen.

Eines der weitestverbreiteten Ba Gua-Systeme ist das tibetische „Drei-Türen-Ba Gua". Wie es der Name schon andeutet, ist hier der Ausgangspunkt die Tür, sei es die Gartentür, die Hauseingangstür oder die Zimmertür. Die Eingangstür ist die Öffnung, durch die Energie in die Räumlichkeiten strömt. Sie wird deshalb auch als die „Pforte des Chi" bezeichnet. Deshalb muß, falls das Haus oder Zimmer mehrere Eingänge besitzt, klar festgelegt werden, welche Tür als Haupteingang benutzt wird.

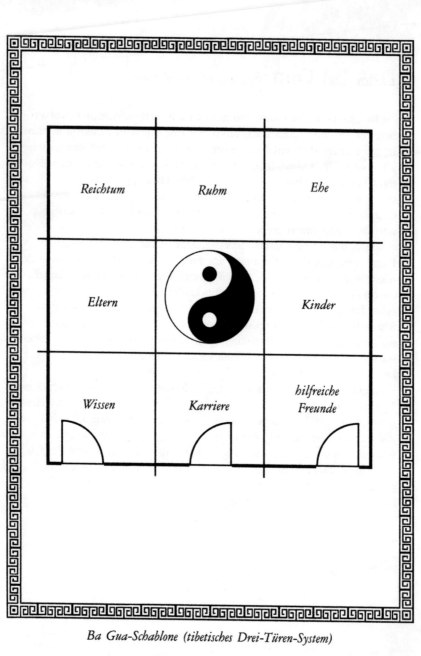

Ba Gua-Schablone (tibetisches Drei-Türen-System)

Übertragung des Ba Gua auf einen Raum

Soll nun das Ba Gua räumlich auf den Grundriß übertragen werden, so ist es notwendig, diesen in Länge und Breite jeweils zu dritteln. Das heißt, Sie teilen die Länge und Breite des Raumes in drei gleiche Teile und ziehen, ähnlich einem Koordinatensystem, waagerechte und senkrechte Linien.

Sie erhalten neun gleichgroße Flächen. Jedes der einzelnen Rechtecke oder Quadrate entspricht genau 1/9 des Gesamtgrundrisses. Die mittlere Fläche wird keinem der acht Lebensbereiche zugeordnet, denn sie ist das „Tai Chi" – das Zentrum, das alles und nichts enthält.

Wird nun das Ba Gua auf den aufgeteilten Raum übertragen, so erkennen wir, daß sich die Eingangstür entweder im Bereich „Wissen", „Karriere" oder „hilfreiche Freunde" befindet. Die Wand, in der die Tür ist, wird als Grundlinie oder Basislinie bezeichnet, von der aus die weiteren Ba Gua-Bereiche abzulesen sind. Sie erhalten somit eine Ba Gua-Schablone, die Sie auf alle Flächen, sei es Grundstück, Haus, Wohnung, Zimmer oder Schreibtisch, übertragen können.

Ein kleiner Tip, wie Sie die Ba Gua-Schablone ganz einfach anwenden können:

Halten Sie die Ba Gua-Schablone vor sich, und stellen Sie sich in die Tür des Zimmers, das Sie betrachten möchten. Übertragen Sie das Koordinatensystem gedanklich auf den Raum. Demzufolge befindet sich der Bereich „Reichtum" immer im linken oberen Bereich, der Bereich „Partnerschaft" immer im rechten oberen Bereich usw., und es spielt keine Rolle, ob Sie rechts, mittig oder links in das Zimmer eintreten.

Interpretation der Ba Gua-Bereiche

Jeder Bereich des Ba Gua schwingt energetisch gesehen mit seiner symbolischen Ladung, die wiederum im jeweiligen Trigramm Ausdruck findet.

Karriere

Trigramm:	Wasser (K´an)
Element:	Wasser
Farbe:	schwarz, blau
Jahreszeit:	Winter
Tageszeit:	Nacht
Organe:	Niere und Blase

Dieser Bereich ist mit dem Element Wasser verbunden und trägt damit eine starke Kraft in sich, nämlich die des Meeres, der Urenergie, aus der alles Leben entstand.

Er spiegelt unseren Lebensweg – das Auf-und-Ab im Leben, ähnlich einem natürlichen Bachlauf, der sich durch eine Landschaft schlängelt.

Die Karriere zeigt uns das, was wir erreichen wollen, sei es im Privaten oder im Berufsleben, und sollte deshalb angenehm erscheinen und ordentlich sein, damit die Energie frei fließen kann. Unordnung durch herumstehende Schuhe, Taschen oder Kartons, gerade im Eingangsbereich, hindern am „Weiterkommen".

Fehlt dieser Bereich im Grundriß, so haben die Bewohner Mühe, ihren richtigen Lebensweg zu finden. Berufliche Ziele werden nur schwer erreicht.

Hilfsmittel:

• Aquarium • kleiner Zimmerbrunnen • Schale mit Wasser • Spiegel • blauer Fußabstreifer • Wellenmuster in der Wand- oder Bodengestaltung • Vase • Fisch • Teich

Wissen

Trigramm:	Berg (Ken)
Element:	Erde
Farbe:	gelb, braun, beige
Jahreszeit:	Vorfrühling
Tageszeit:	früher Morgen
Organe:	Milz und Magen

Ähnlich der Formulierung „wie ein Fels in der Brandung" symbolisiert dieser Bereich Stabilität und Sicherheit, da er mit dem Element Erde verbunden ist. Kontemplation, Lernen und Weisheit sind hier das Thema.

Hier spiegelt sich unser inneres Wissen – unsere Weisheit – um das eigene Ich wieder, das Wissen, das wir uns selbst erarbeitet haben. Es ist eine starke aber passive Energie.

Innerhalb eines Hauses eignet sich dieser Bereich sehr gut für einen Meditationsplatz oder die private Bibliothek, um in sich hineinzuhören, zu studieren und sich zu sammeln. Gestalten Sie deshalb diesen Bereich nicht zu dynamisch.

Fehlt dieser Bereich im Grundriß, so besteht die Gefahr, daß immer wieder die gleichen Fehler gemacht werden und der innere Zugang „versperrt" bleibt.

Hilfsmittel:
- Bücher • Buddha-Statue • Bild mit Bergmotiv • Elefantenskulptur
- Kuan Yin • Kranich • Vase • Yin/Yang-Emblem • Windtürmchen
- Mandala • Schirm • Steine

Eltern	Trigramm:	Donner (Chen)
(Familie)	Element:	Holz
▬▬ ▬▬	Farbe:	hellgrün
▬▬ ▬▬	Jahreszeit:	Frühling
▬▬▬▬	Tageszeit:	Morgen
	Organe:	Leber und Gallenblase

Dieser Bereich hat nicht nur mit unseren leiblichen Eltern zu tun, sondern auch mit dem, was uns geprägt hat oder immer noch prägt, wie z.B. unsere Vorbilder, Lehrer, Mentoren oder auch unsere beruflichen Vorgesetzten, oder Personen in einer höheren Position.

Es ist eine offene und empfängliche Energie, die allerdings von der Vergangenheit beeinflußt wird. Hier wird die Ordnung der Natur, symbolisiert durch den Donner, aufgerufen. Dabei ist es wichtig, immer wieder auf die Wurzeln zurückzublicken, um darauf aufzubauen.

Da diesem Bereich die Gesundheit zugeordnet wird, sollten Sie auf eine harmonische und vitale Raumgestaltung achten.

Fehlt dieser Bereich im Grundriß, so können familiäre Spannungen oder Gesundheitsprobleme die Folge sein.

Hilfsmittel:

• Drache • kräftige Pflanzen • Bambus • Blumen • Zimmerbrunnen • Aquarium • Pfirsich • Windtürmchen • Trigramm-Band • Elefant • Donner • Ente • Sonnenrad • Hirsch • Kranich • Wasser

Reichtum	Trigramm:	Wind (Sun)
▬▬▬▬	Element:	Holz
▬▬▬▬	Farbe:	grün
▬▬ ▬▬	Jahreszeit:	Frühsommer
	Tageszeit:	Vormittag
	Organe:	Leber und Gallenblase

So wie der Wind ist diese Energie sehr stark. Sie ist dem Holz zugeordnet und hat viel Einfluß auf uns, denn sie bringt unseren Energiefluß
in Bewegung.

Dieser Bereich spiegelt unseren Wohlstand und Reichtum, unsere finanzielle Situation, aber auch das Glück und den Segen, die über unserem Leben liegen. Er hat die glücklichen Umstände zum Inhalt, die
einem im Leben weiterbringen – die sogenannten „Zufälle".

Reichtum wird oft nur auf das Materielle (Geld) beschränkt, doch ist
der „Innere Reichtum" (Lebensfreude, Optimismus, Zufriedenheit) oft
viel wertvoller als allgemein angenommen.

Fehlt dieser Bereich im Grundriß, so können finanzielle Schwierigkei-
ten die Folge sein, die durch unüberlegte Handlungen entstehen.

Hilfsmittel:
• Aquarium • Zimmerbrunnen • Bambus (kräftige Pflanzen) •
Statue des Dickbauch-Buddhas • Fische als Skulpturen • Drache •
Glücksmünzen • Hirsch • Teich • Vase • Wasser

Ruhm

	Trigramm:	Feuer (Li)
	Element:	Feuer
	Farbe:	rot, orange, violett
	Jahreszeit:	Sommer
	Tageszeit:	Mittag
	Organ:	Herz und Dünndarm

Die Bezeichnung Ruhm wird oft mißverstanden, denn dieser Bereich spiegelt nicht nur unsere Erscheinung nach Außen – die Anerkennung und Würdigung, die wir durch unsere Umwelt erhalten – „wie werde ich angesehen", sondern bezieht sich auch auf das innere Licht, das Bewußt-Sein, sowie Selbstachtung und Selbsterkenntnis.

Das zugeordnete Element „Feuer" ist eine Energie, die unsere Leidenschaft, unser Talent und unsere mentale Fähigkeiten unterstützt.

Der Bereich „Ruhm" liegt der „Karriere" gegenüber, denn unser Lebensweg hat schließlich ein Ziel. Deshalb wird mit diesem Bereich auch der „Sinn des Lebens" in Verbindung gesetzt.

Fehlt dieser Bereich im Grundriß, so neigen die Bewohner dazu, zu sehr auf das Urteil anderer zu achten. Sie besitzen wenig Selbstvertrauen und haben das Gefühl zu wenig Anerkennung zu bekommen.

Hilfsmittel:
* Urkunden oder Pokale • helles Licht • Buddha-Skulptur • Pfirsich

Ehe	Trigramm:	Erde (K´un)
(Beziehungen)	Element:	Erde
▬▬ ▬▬	Farbe:	gelb, braun, beige
▬▬ ▬▬	Jahreszeit:	Spätsommer
▬▬ ▬▬	Tageszeit:	Nachmittag
	Organe:	Milz und Magen

Wie die Mutter Erde ist dieser Bereich mit den stärksten weiblichen Prinzipien aufgeladen: Wahrhaftigkeit, Empfänglichkeit aber auch Gebefreudigkeit. Es ist eine stark nährende und empfangende Energie, nachgebend bis zur bedingungslosen Annahme.

Hier spiegeln sich unsere Beziehungen, sei es eine Partnerschaft, eine Ehe, eine platonische Beziehung, eine engere Freundschaft oder die berufliche Beziehung zu Geschäftspartnern.

Bei der Gestaltung dieses Bereiches sollten Sie darauf achten, Symbole der Gemeinsamkeit, Liebe und Empfänglichkeit zu verwenden. Meiden Sie Gegenstände, die Trennung und Einsamkeit ausdrücken.

Fehlt dieser Bereich im Grundriß, so hat es besonders die Frau schwer, eine erfüllte Beziehung zu einem Lebenspartner aufzubauen. Die Beziehungen zu Nachbarn oder Arbeitskollegen sind oft problematisch.

Hilfsmittel:
• Entenpaar (paarweise Gegenstände) • Mandala • Orchidee • Steine

Kinder

	Trigramm:	See (Tui)
	Element:	Metall
	Farbe:	weiß, silber, grau
	Jahreszeit:	Herbst
	Tageszeit:	Spätnachmittag
	Organe:	Lunge und Dickdarm

Ähnlich wie ein tiefer See zeigt uns diese Energie unsere eigene Tiefe – unsere Gefühle. Wenn wir uns dieser Kraft bewußt werden, können wir sie voll ausschöpfen und unsere Kreativität für die Zukunft nutzen.

Dieser Bereich spiegelt uns, ähnlich wie beim Bereich „Eltern", nicht nur unsere leiblichen Kinder wieder, vielmehr wird mit diesem Bereich unsere Zukunft und Entwicklung symbolisiert. Alle Ideen, die wir in die Tat umsetzen möchten, haben hier ihren Ursprung. Im Beruflichen ist dieser Bereich gerade bei einer Firmenneugründung nicht zu unterschätzen, denn in ihm steckt die Quelle der Freude und des Lebens.

Bei der Raumgestaltung können Sie hier Ihrer Phantasie freien Lauf lassen. Lebendigkeit und Kreativität in Form und Farbe können hier verwirklicht werden um diesen Bereich zu unterstützen.

Fehlt dieser Bereich im Grundriß, so leiden die Bewohner oft unter Schwermut und Lebensfrust. Das vorhandene Geld wird eher für Nützliches ausgegeben als für Hobbies. Die Beziehung zwischen Eltern und Kindern kann sich schwierig gestalten.

Hilfsmittel:

• Ei • Metall-Klangspiel • phantasievolle Gemälde • Mobile • blühende Blumen

```
▣▣◳◳◳◳◳◳◳◳◳◳◳◳◳◳◳◳◳◳◳◳◳◳◳◳◳◳◳◳◳◳◳◳◳◳◳◳◳▣
```

Hilfreiche	Trigramm:	Himmel (Chien)
Freunde	Element:	Metall
	Farbe:	weiß, silber, grau
	Jahreszeit:	Spätherbst
	Tageszeit:	Abend
	Organe:	Lunge und Dickdarm

Energetisch symbolisiert dieser Bereich das Trigramm Himmel, das männliche Prinzip, also Kraft, Autorität und Führung.

Er spiegelt uns die Menschen, die uns hilfreich zur Seite stehen, wie Nachbarn, Freunde oder Hilfsorganisationen sowie unsere Schutzengel – alle, die mit ihren selbstlosen Taten und Diensten eine große Segnung unseres Lebens sind. Selbst ältere Menschen können eine große Hilfe sein, wenn diese ihre Erfahrungen an jüngere weitergeben.

Fehlt dieser Bereich im Grundriß, so haben die Menschen das Gefühl, auf sich alleine gestellt zu sein. Die Position und die Gesundheit des Mannes ist eher schwach.

Hilfsmittel:
• Glocken • Schirm • Kuan Yin

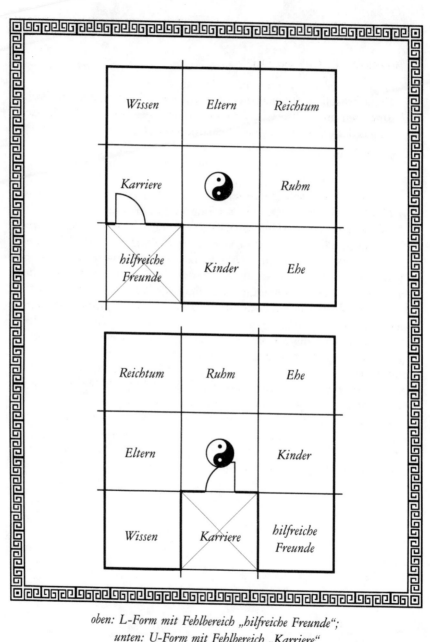

oben: L-Form mit Fehlbereich „hilfreiche Freunde";
unten: U-Form mit Fehlbereich „Karriere"

Anwendung des Ba Gua

Zunächst sollten Sie sich bewußt machen, daß im Feng Shui die Form harmonisch und vollständig zu sein hat, wie dies beim Rechteck oder Quadrat der Fall ist. Unregelmäßige und spitze Grundrißformen gelten als ungünstig.

• L- oder U-förmige Grundrisse

Um bei disharmonischen Grundrißformen wie L- oder U-Formen das Ba Gua anwenden zu können, werden die Grundrisse zuerst zu einem Rechteck oder Quadrat ergänzt. Die ergänzten Bereiche werden als „Fehlbereiche" bezeichnet. Übertragen bedeutet dies, je nachdem, welcher Lebensbereich fehlt, daß für die Bewohner diese Energie nur schwer zugänglich ist und sich dies über einen längeren Zeitraum belastend auswirken kann, weshalb es sich empfiehlt, hier unbedingt ein Gleichgewicht herzustellen.*

Doch nicht immer entsteht ein Fehlbereich durch einen unregelmäßigen Grundriß. Ist die Länge oder Breite vom Vorbau eines Hauses kleiner als die Hälfte der restlichen Hauslänge oder -breite, so gilt dieser Vorbau als „Zusatz" oder Verstärkung. Hier erfahren die Bewohner eine spürbare Unterstützung im jeweiligen Lebensbereich.

Nachdem der Grundriß zeichnerisch ergänzt wurde, werden wie gesagt, die Länge und die Breite der harmonischen Fläche durch drei gleiche Teile geteilt und die acht Lebensbereiche, entsprechend der Türanordnung, in die entstandenen Flächen übertragen.

---

*Am Ende des Buches finden Sie drei Ba Gua-Schablonen zum Ausschneiden.

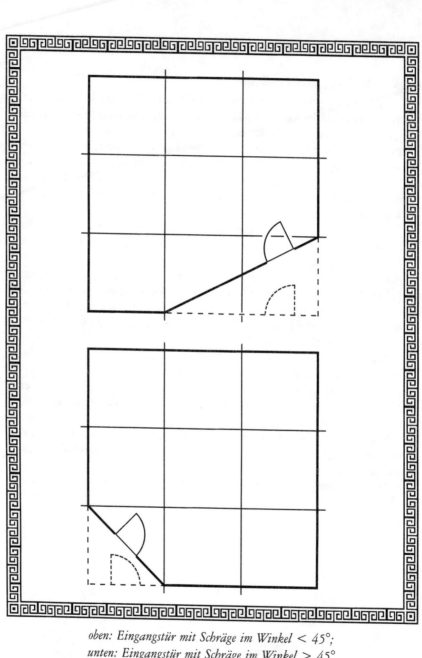

oben: Eingangstür mit Schräge im Winkel < 45°;
unten: Eingangstür mit Schräge im Winkel > 45°

- **Schräge Eingangsbereiche**

Als schwierig könnte sich die Einteilung des Ba Gua auf Grundrisse mit Eingängen in schrägen Wänden erweisen. Doch auch hier sind die Anwendungsregeln einfach:

Liegt der Winkel der Wand, in der sich die Eingangstür befindet, unter 45°, so wird diese Wand einfach in die Gerade geklappt. Ist die Schräge jedoch genau im Winkel von 45°, so ist ausschlaggebend, aus welcher Richtung man auf die Tür zugeht. Hier wird die Wand in die jeweilige Gerade geklappt, aus der der Zugang erfolgt.

Vergessen Sie bitte jedoch nicht, daß durch schräge Wände trotzdem Fehlbereiche entstehen.

- **Balkon und Terrasse**

Oft findet man Grundrisse vor, bei denen ein sogenannter Fehlbereich mit einem Balkon oder einer Terrasse belegt ist. Wir dürfen jedoch nicht den Fehler machen, diese Bereiche zum Hauptgebäude dazuzählen, denn Balkon und Terrasse liegen außerhalb der uns umgebenden vier Wände, also auch außerhalb unseres „Körpers".

- **Mehrere Stockwerke**

Sollten Sie in einem Haus wohnen, dessen Wohnfläche sich über mehrere Etagen erstreckt, so gilt hier, daß für jedes neue Stockwerk ein eigenes Ba Gua anzulegen ist. Ausgangspunkt ist hier die Blickrichtung, mit der Sie das jeweilige Stockwerk betreten. In der Regel ist die „Eingangstür" die letzte Stufe der Treppe.

Bei Mehrfamilienhäusern bleibt das öffentliche Treppenhaus in der Wohnungsanalyse unberücksichtigt. Das Ba Gau wird ab der Wohnungstür angelegt.

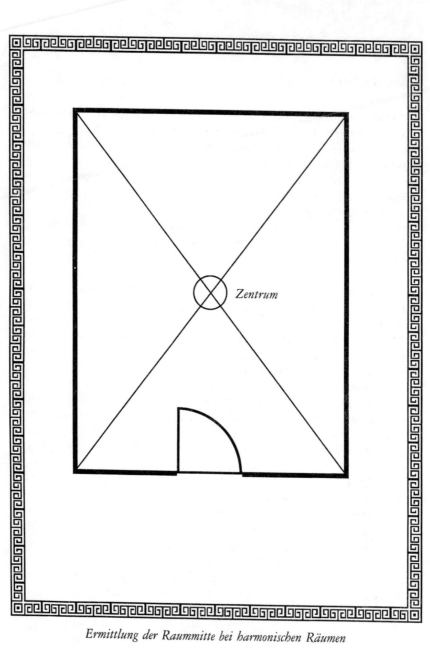

Zentrum

Ermittlung der Raummitte bei harmonischen Räumen

Das Zentrum

Das Zentrum symbolisiert die Mitte, das „Tai Chi", aus dem wir „schöpfen" und Kraft sammeln. Wenn Körper und Geist sich in der „Mitte" befinden, verfügen wir über die größte Kraft und Stärke. Yin und Yang befinden sich in Harmonie.

So, wie unser Körper eine Mitte besitzt, besitzt auch jedes Haus, jede Wohnung oder jeder Raum sein Zentrum. Wie wir beim Ba Gua bereits gesehen haben, entsteht durch die Neuner-Teilung der Fläche ein mittlerer Bereich, den wir als „Tai Chi" oder Zentrum bezeichnet haben.

Auch das Haus oder der Raum „schöpft" seine Kraft aus dieser Mitte. Ist dieses Zentrum gestört, so fehlt es oft an Stabilität und Sicherheit.

Zunächst möchten wir aufzeigen, wie Sie das absolute Zentrum, den Mittelpunkt, bestimmen können. Wie Sie sicher noch aus Ihrer Schulzeit wissen, ist der Mittelpunkt gleichzeitig der Schwerpunkt einer Fläche.

Bei harmonischen Grundrissen, wie dies beim Rechteck oder Quadrat der Fall ist, ist die Bestimmung recht einfach. Zeichnen Sie die beiden Diagonalen ein und der Schnittpunkt beider Linien ist das Zentrum.

Bei L- oder U-förmigen Flächen verfahren Sie ähnlich, wobei Sie vorher diese Fläche als harmonische Form ergänzen. Bei unregelmäßigen Grundrissen wird es etwas schwieriger sein, den genauen Mittelpunkt zu bestimmen. Hier können wir uns aber einer einfachen Hilfe bedienen: Übertragen Sie den Grundriß von Ihrem Bauplan auf einen Karton. Nehmen Sie dann eine größere Nadel oder einen Nagel und balancieren Sie die Fläche aus. Befindet sich die Fläche in der Waage, zeigt die Spitze auf den Schwerpunkt – unser gesuchtes Zentrum.

Das Zentrum sollte frei und unbelastet sein, damit die Energie, das Chi, frei zirkulieren kann. Bei alten Gebäuden finden wir sehr häufig eine kunstvolle Betonung der Hausmitte, sei es durch ein rundes oder sternförmiges Bodenmosaik, eine kunstvoll bemalte Stuckstruktur an der Decke oder einen herrlichen Kristallüster. Befindet sich jedoch das Treppenhaus oder der Lift in der Gebäudemitte, so entstehen Unruhe und Zerrissenheit. Ist das Zentrum durch eine stärkere Mauer, einen

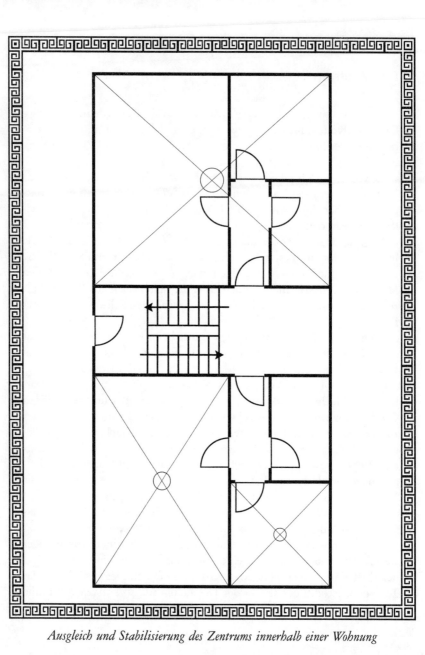

Ausgleich und Stabilisierung des Zentrums innerhalb einer Wohnung

Kamin oder Abstellraum blockiert, dann ist dies oft ein Hinweis auf Energiemangel und ein anstrengenderes Leben.

Zum Ausgleich können Sie als Ersatz in zwei Räumen (z.B. Wohnzimmer, Schlafzimmer) das Raumzentrum aktivieren. Entsprechende Möglichkeiten finden Sie bei den folgenden Symbolen aufgeführt.

Affirmation

Übersetzt bedeutet Affirmation (lat.) Bejahung, Versicherung, Bekräftigung.

Schon unsere Urahnen haben von ihrer Kraft und Auswirkung gewußt und dabei spielt es keine Rolle, welche Kultur ich betrachte oder wo ich nach ihnen suche. Auf Tafeln gemalt oder eingeschnitzt, aus Stein gehauen, über der Kirche oder der Tür angebracht, kunstvoll auf Bänder oder Kissen gestickt oder mit Kreide über der Eingangstür aufgemalt. Sie begleiten uns ganz selbstverständlich in unserem Alltag, als Segnung, als Erinnerung oder Schutz.

Welchen Spruch oder welche Affirmation verwendet wird, sollte individuell entschieden werden. Wichtig ist, daß jeder Spruch persönlich „beseelt" wird.

Anwendung:
- Als Schutz für die Eingangstür; im Arbeits- oder Kinderzimmer
- Als Motivationshilfe;
- Als Danksagung
...und vieles mehr. Hier ist Kreativität erlaubt.

Ba Gua-Bereich:
- Jeder Bereich. Der Spruch oder die Affirmation sollte an einer Stelle angebracht werden, die immer wieder im Blickfeld liegt.

Affirmationsbeispiel:
Gott schütze dieses Haus und die da gehen ein und aus.

Die Symbole

Reichtum, Überfluß, Fruchtbarkeit

Aquarium

Ein Aquarium, mit seinen → *Fischen*, seiner Pflanzenwelt und dem bewegten → *Wasser* stellt den Mikrokosmos des Meeres dar. Es beinhaltet die ganze Kraft und die Schöpfung der Natur, ihre Vielfältigkeit und Entwicklungsmöglichkeiten.

Dem Gott des Reichtums wurden in Mittelchina lange Zeit Fischköpfe geopfert und auch heute noch gelten Goldfische in einem Bassin als Symbol für: „ Gold und Edelsteine mögen dein Haus füllen". – „Goldfisch", auf chinesisch „chin-yü" setzt sich zusammen aus „Gold" = „chin" und „Überfluß" = „yü". So wird der Goldfisch ein Symbol für „Gold im

Überfluß". Ein Bild mit einem Paar von Goldfischen wird auch mit „Fruchtbarkeit" in Verbindung gebracht.

Setzt man nur Goldfische in sein Aquarium, so sollte darauf geachtet werden, daß es nur acht rote oder goldene und ein schwarzer Goldfisch sind. Der schwarze Goldfisch hat die Aufgabe, das Unglück der anderen acht Fische aufzunehmen und abzuleiten. Stirbt einer der Fische, sollte dieser sofort ersetzt werden, um das Gleichgewicht und vor allem den Wohlstand zu erhalten.

Das Aquarium ist ein klassisches Feng Shui-Hilfsmittel. In China werden vor allem Büros, Firmengebäude oder Restaurants mit einem Aquarium im entsprechenden Bereich ausgestattet.

Anwendung:
· Zur Steigerung und Belebung der Raumenergie
· Zur Entspannung und zum Ausgleich gestreßter Menschen
· Um das Wasser-Element eines Raumes oder eines Menschen zu stärken
· Um (inneren) Reichtum und Glück (Zufriedenheit) anzuziehen

Ba Gua-Bereich:
· Reichtum
· Karriere

Wichtig:
· Das Aquarium nicht neben WC oder Bad plazieren, und nicht in der Nähe eines Ofens oder Kamins!
· Das Aquarium muß regelmäßig gepflegt werden, damit das Wasser stets sauber, klar und frisch bleibt.

Affirmation:
Ich tauche ein ins Kollektiv und fühle mich geborgen.
Ich weiß, daß ich bekomme, was ich brauche.

Schutz

Ba Gua-Spiegel

Der Ba Gua-Spiegel nimmt unter den Spiegeln eine Sonderstellung ein und gilt als kraftvolles Schutzsymbol.

Auf einer achteckigen Grundplatte ist in der Mitte ein flacher, konkaver (nach innen gekrümmter) oder konvexer (nach außen gewölbter) Spiegel angebracht. An den acht Seiten befinden sich die acht → *Trigramme* der pränatalen (vorgeburtlichen) Himmelssequenz.

Der Ba Gua-Spiegel sollte grundsätzlich nur außen und über oder neben der Tür angebracht werden. Dabei ist darauf zu achten, daß seine Reflektion nicht auf Nachbargebäude, Eingänge oder Bäume gerichtet ist, damit diese keinen Schaden nehmen.

Anwendung:

· Flacher Spiegel: Reflektion schädlicher subtiler Einflüsse
· Konvexer Spiegel: verkleinert und zerstreut die schädlichen Einflüsse von Mauer und Dachkanten
· Konkaver Spiegel: verzerrt das Spiegelbild und stellt es auf den Kopf. Einsatz bei übermächtigen Nachbargebäuden, Strommasten oder Bäumen.

Wichtig:
· Um die Schutzwirkung sicherzustellen, sind Spiegel regelmäßig zu reinigen.

Affirmation:

Ich fühle mich sicher und geschützt.

Bambus

Bescheidenheit und langes Leben

Durch seine mannigfaltige Verwendung wurde der Bambus eines der wichtigsten Naturprodukte Chinas. In der Kunst stellt er eine Leitform für die chinesische Kalligraphie dar und gilt als das Maß aller Dinge. „Der Künstler muß zum Bambus werden, ehe er diesen zu malen beginnt".

Seine Symbolik erläutert sich in seiner Beschaffenheit:

- Er läßt seine Blätter hängen, weil sein Inneres („Herz") leer ist und ein leeres Herz (ohne Wünsche) bedeutet Bescheidenheit. Daher verkörpert der Bambus diese Tugend.
- Er wird oft „Der edle Herr" genannt, weil er sich nie verändert. Er steht Sommer wie Winter, ja selbst bei größtem Sturm aufrecht und stolz, seiner Kraft bewußt. Er versinnbildlicht Treue und Beständigkeit.
- Er ist immergrün und unveränderlich und daher ein Symbol für ein langes Leben und das Alter.
- Wird Bambus ins Feuer gelegt, so zerplatzt er mit lautem Knall. Er gilt als Dämonenvertreiber und Herold und wurde deshalb früher für Feuerwerkskörper verwendet, z.B. um das Neujahr oder andere Festlichkeiten einzuleiten. Anschließend sollen Ruhe und Frieden einziehen.

· Da die Worte für „Bambus" und „beten" im chinesischen gleichlautend sind, findet der Bambus auch dabei Verwendung. Soll der Ausdruck von Frieden verstärkt werden, so kann noch eine → *Vase* dazugestellt werden.
· Bambus, Kiefer und Pflaume sind die „drei Freunde im Winter" und zusammen verstärken sie das Symbol für langes Leben.
· Im Feng Shui ist der Bambus außerdem Sinnbild für das → *Element Holz* und somit für Wachstum und Gedeihen.

Bei der Verwendung von Bambus sollte darauf geachtet werden, daß dieser immer gut gedüngt wird, um seine volle Pracht entfalten zu können.

Anwendung:
· Durch sein schnelles Wachstum und sein immergrünes Aussehen ist er sehr gut geeignet, den schädlichen Einfluß von Häuserkanten (z.B. Garagen) zu mildern, sollten sie auf das Haus gerichtet sein.
· In der Kombination mit einem Gartenteich (Yin) symbolisiert er den Yang-Aspekt.
· Innerhalb der Wohnung kann er ebenfalls Ecken kaschieren, den Energieabfluß durch große Fenster (Wintergarten) dämpfen oder einer „Holz"- oder „Feuer-Person" die nötige Unterstützung vermitteln.

Ba Gua-Bereich:
· Eltern
· Reichtum

Affirmation:
Ich bin offen für mein Leben, darf neugierig sein und wachsen.

Stabilität und Weisheit

Berg

Der Berg ist ein weltweit verbreitetes Symbol der Begegnung von Himmel und Erde, der Gottesnähe und des menschlichen Aufstiegs. Er erhebt sich über die alltägliche Ebene der Menschheit und wird dadurch zum Symbol der göttlichen Macht. Viele Völker oder auch Städte haben einen heiligen Berg, der als unheimliche, ehrfurchtgebietende Verbindungsstelle zu einer übermenschlichen Welt angesehen wird. Pilgerfahrten zu diesen Götterbergen beschreiben die schrittweise Loslösung von der Alltagsebene und das geistige Höhersteigen.

Das altchinesische Weltbild kennt fünf heilige Berge im Sinne der fünf Himmelsrichtungen (Osten, Süden, Westen, Norden und zusätzlich die Mitte), die bis in die Neuzeit ihren Stellenwert behielten. Es sind seit Alters her Opferstätten: im Osten der T´ai-shan, im Süden der südliche Heng-shan, in der Mitte der Sung-shan, im Westen der Hua-shan und im Norden der nördliche Heng-shan. Alle fünf Berge sind bewaldet – in China eine Seltenheit – und auf ihren Gipfeln stehen zahlreiche taoistische Tempel. Fast jedem Berg war ein eigener Berggott zugeordnet, und in früherer Zeit herrschte im Norden Chinas der Glaube, daß die Seelen der Toten auf den Bergen leben, deshalb wurde dort gesondert geopfert.

Zusammenfassend sehen wir heute im Berg ein Symbol für die Verbindung von Himmel und Erde, für die Weisheit, die Stabilität und für den langsamen, mühsamen und stetigen Weg zur Bewußtwerdung und Erhebung des Geistes. Die Einswerdung von Körper, Geist und Seele.

Das → *Trigramm* „das Stillehalten" wird im Feng Shui durch den Berg ausgedrückt.

Anwendung:
· Als Poster, Bild oder Photographie
· Als größere Steine (Findlinge) in der Gartengestaltung
· Salzkristalllampe zur Erzeugung einer entspannten Raumatmosphäre

Ba Gua-Bereich:
· Wissen

Affirmation:
Ich vertraue auf meine innere Weisheit und gehe Schritt für Schritt meinen Weg.

Energiespender

Blumen

Blumen haben ihre eigene Sprache, bedingt durch ihre Farben und Formen und die jeweilige Jahreszeit, die sie vertreten. Stimmungen, die sie wiedergeben, können wir bewußt in unsere Umgebung integrieren und damit jeden beliebigen Platz beleben.

Auch auf einer anderen Ebene können wir uns mit der Energie der Natur verbinden. So wurde die Blumensteckkunst „Ikebana" von den Japanern zu einem Ausdruck vollkommener Harmonie entwickelt, die den Menschen eingebunden zwischen Himmel und Erde darstellt. Wir können Blüten und Zweige, auch getrocknete Blumen, Fruchtstände und Früchte zauberhaft miteinander arrangieren und uns so mit dem

Rhythmus der Natur von Leben und Sterben, Geburt und Tod, Aktivität und Ruhe verbinden.

Die Blumen der vier Jahreszeiten sind in China für den Frühling die Iris oder die Magnolie, im Sommer die Pfingstrose und der → *Lotos*, im Herbst die → *Chrysantheme*, im Winter die → *Pflaume* und der → *Bambus*.

In China werden Blumensprüche oder Blumenaussagen hauptsächlich mit Frauen, Mädchen oder Kurtisanen verbunden. So wird es, wenn ein Mann mit Prostituierten verkehrt, beschrieben als „unter Blumen schlafen und unter Weiden liegen" oder „Blumen aufsuchen und Gräser herausfordern".

Blumen und gesunde Topfpflanzen sind hervorragende Chi-Überträger, vor allem, wenn sie in voller Blüte stehen und gesund aussehen. Getrocknete Gestecke oder Arrangements sollten nicht für die Ewigkeit gestaltet sondern immer wieder erneuert werden und nicht verstauben.

Anwendung:
· Eine Vase mit Blumen ist eine bereichernde Tischdekoration für jede Gelegenheit
· Als Überbringer einer versteckten Botschaft
· Zur Aktivierung und Belebung des Chi-Flusses
· Als Symbol für Leben und Vergänglichkeit
· Blumenbilder, um z.B. Freude auszudrücken

Ba Gua-Bereich:
Sie sind für jeden Bereich geeignet, können jedoch gezielt nach der jeweiligen Aussage eingesetzt werden, z.B.:
· Wissen: Lilie (Reinheit und Weisheit)
· Partnerschaft: Rose (Liebe)
· Eltern bzw. Gesundheit: Bambus (langes Leben)
· Hilfreiche Freunde: Vergißmeinnicht (Treue)
· Ruhm: Sonnenblume (Ausstrahlung)

Affirmation:
Ich verbinde mich mit der jeweiligen Kraft und lebe im Einklang mit der Natur.

Weg zur Erleuchtung

Buddha

Gautama Siddharta, der seinen prinzlichen Status abgelegt hatte, um ein meditatives Leben zu führen, saß vor rund 2500 Jahren unter einem Baum und erkannte endlich den Grund für alles Leid der Welt. Seitdem war er Buddha und seine Lehre wurde zur „Weltphilosophie".

Das Leben des Buddha (des „Erleuchteten") ist in der Menschheitsgeschichte das älteste Vorbild dafür, wie man sich aus eigener Kraft und ohne göttliche Hilfe von Leid und Schuld befreien kann. Die Lehre des Buddha ist zugleich eine der ältesten Erlösungslehren der Erde, deren Schöpfer wir kennen und der noch heute Millionen Anhänger hat. Es ist der Weg der Selbstverwirklichung, der zur Gelassenheit und zur Gelöstheit führt – nicht um sich von der Welt abzuwenden, sondern um in ihr zu bestehen. Der Buddha war derjenige, der das Yoga-System, die Meditation, aus einer asketischen Einengung der Weltabkehr zur praktischen Übung für die Weltbewältigung gewandelt hat.

Nachdem der Buddhismus auch in Europa seine Anhänger fand, verwenden auch wir die Abbildung des meditierenden Buddha als Symbol der Erleuchtung und der absoluten Weisheit.

Die verschiedensten Figuren und Abbildungen, die erhältlich sind, stellen die unterschiedlichsten Aspekte (z.B.: „praktische Weisheit", „Freigiebigkeit" oder „Vollkommenheit" usw.) auf dem Weg zur Erleuchtung dar und können dementsprechend aufgestellt oder aufgehängt werden.

Anwendung:
· Für die Meditationsecke oder für einen Altar, als Symbol der inneren Weisheit und der Selbstfindung
· Als Ausdruck eines Lebensziels und für den Sinn des Lebens

Ba Gua-Bereich:
· Wissen
· Ruhm

Affirmation:
Ich verbinde mich mit der „Weisheit" oder der „Vollkommenheit" und ruhe in mir.

Dauer und langes Leben – Symbol des Herbstes

Chrysantheme

Aus dem großen Meer der Blumen und Bäume erchoren die chinesischen Gelehrten vier dazu aus, die „Vier Edlen" oder „Die Vier Vorbildlichen" genannt zu werden: die → *Pflaume*, die → *Orchidee*, den → *Bambus* und die Chrysantheme, denen die Charakteristika eines Edlen zu eigen sind und die lange Zeit als die vier Favoriten der Schriftkundigen* betrachtet wurden.

In Ostasien ist die Chrysantheme eine hochgeschätzte Blume, in Japan kaiserliches Emblem und in China Symbol des Herbstes bzw. des 9. Monats, des alten chinesischen Kalenders. Sie ist Sinnbild der Dauer und eines langen Lebens. In China wird der Reiswein vom Vorjahr mit diesen Blumen angesetzt. Auf Bildern sieht man häufig Kombinationen mit anderen naturhaften Symbolen. → *Kiefer* und Chrysantheme zusammen drücken den Wunsch aus „Mögest du lange leben".

Die Chrysantheme ist Sinnbild des Herbstes und wird mit einer gelehrten, weisen Person verglichen, die ihr eigenes, einfaches Leben führt und auch jenen freundlich begegnet, die ihr feindlich gesinnt sind.

In unseren Gärtnereien finden wir nicht nur die klassische, gelb- oder weißblühende Chrysantheme, die von September bis Oktober auch in unseren Gärten blüht, sondern den ganzen Sommer über auch verschiedene kleinere Sorten als Topfpflanzen. Sie gelten als besondere Luftfilter für den Raum und sind außerdem leicht zu pflegen und behalten ihre Blüten lange.

Anwendung:

· Im Garten, genauso wie auf dem Balkon oder im Zimmer, erfreut uns diese Pflanze durch ihre lange Blütezeit. Die vollen Blüten sind sehr dekorativ und auch bestens geeignet für Arrangements

Ba Gua-Bereich:

· Durch Farbe und Form wird die klassische Chrysantheme dem →*Element Metall* zugeordnet, weshalb sie für die Bereiche *Kinder* und *Hilfreiche Freunde* geeignet ist

---

*In China gibt es bis heute eine große Anzahl Analphabeten. Schriftkundige waren einst von höherem Stand, zu dem der Adel, Dichter, Lyriker, Gelehrte, Künstler und Wissenschaftler gehörten.

Glück und Lebensfreude

Dickbauch-Buddha

Während der Sung-Dynastie (960-1280) wurde der Dickbauch-Buddha in ganz Ostasien populär. Dabei handelte es sich um eine spätere Verkörperung des indischen Buddha Maitreya, der für die künftigen Zeitalter die Erlösung von den Leiden des irdischen Daseins bringen soll.

Dargestellt wird er als fröhlich grinsender glatzköpfiger Mann mit entblößtem Oberkörper. Er ist ein Symbol des naiven und unbeschwerten Frohsinns. Das Unglück und Elend der wirklichen Welt sollten durch dieses freundliche Abbild überwunden werden.

Die chinesische Bezeichnung des Dickbauch-Buddhas lautet „Mi-lo fo". In Japan wird er „Ho-tei" genannt und soll als Hausgott Frieden und Wohlstand bringen.

Anwendung:
· Als Glücksbringer und Ausdruck von Lebensfreude

Ba Gua-Bereich:
· Reichtum

Affirmation:
Ich bin umgeben und erfüllt von Fröhlichkeit und genieße.

Die Macht der Götter

Donner

In vielen alten Kulturen, ist der Donner eine machtvolle Lautäußerung himmlischer Wesen – meist der Götter – denen auch die Entstehung des Blitzes zugeschrieben wird. „Der Donner ist das Geräusch des Feuers, und er ist das Lachen des Himmels" (Huang-ti Nei-ching). Oft wird er auch als Ausdruck göttlichen Zornes über eine Störung der kosmischen Ordnung verstanden.

Als „Donnerkeil" wird in Indien und Tibet ein Symbol- und Ritualdolch bezeichnet (ind. Vajra, tibet. Dorje), der auch als „Diamantzepter" bekannt ist und im tantrischen Buddhismus gebraucht wird, um die „Unwissenheit zu zerspalten und die Erkenntnis zu befreien" (ursprünglich Waffe des vedischen Himmelsgottes Indra, der damit die Wolken zerteilte und das Regenwasser daraus erlöste). In Japan wird der Donnergott als rotbemalte Figur des Gottes Raijin wiedergegeben, der von einem Kranz aus acht tamburinartigen Trommeln umgeben ist.

Allgemein gilt der Donner als eindrucksvolle und real erfahrbare Machtäußerung der Himmelsregion, die den Menschen teils bedroht, teils auch vor feindlichen Wesenheiten beschützt.

Das → *Trigramm* „Das Erregende" wird im Feng Shui durch den Donner ausgedrückt.

Anwendung:
· Als Gottskulptur auf dem Schreibtisch, um Ordnung aufzurufen.
· Als Talisman in Form des Donnerkeils (Dorje)
· In Form einer Trommel, um die Raumenergie zu reinigen

Ba Gua-Bereich:
· Eltern

Affirmation:
Die kosmische Ordnung verleiht mir Kraft und Schutz

Drache

Der Drache ist eines der bekanntesten Ursymbole der Weltgeschichte. Seine Gestalt können wir bei vielen Völkern und Kulturen vorfinden; durchwegs reptilartig gestaltet, mit schlangenartigem Körper, Hörnern, Flügeln und feuerspeiendem Atem. Der Ursprung des Drachen geht auf das 4. Jahrtausend v. Chr. zurück, was Ausgrabungen von Kunstgegenständen in Pakistan und China beweisen.

Kraft, Stärke und Wohlstand

In China, sowie in den ostasiatischen Staaten, wird der Drache als Glückssymbol verstanden. Nach der Mythologie ruht der Drache im Winter unter der Erde, um am zweiten Tag des zweiten chinesischen Monats emporzusteigen. Dabei verursacht er den → *Donner* (Trigramm des Ostens) und die ersten Regenfälle im neuen Jahr, die das Land befruchten. Dieser Tag wird vielerorts in China mit einem Drachenfest gefeiert.

Wird der Drache mit einem Ball oder einer Perle dargestellt, so symbolisiert dies ebenfalls den befruchtenden Regen. Aufgrund der glückbringenden Bedeutung wurde das Drachensymbol auf Toren und Dächern, auf den kaiserlichen Fahnen, auf Kleidungsstücken und auf vielen anderen Gegenständen des täglichen Gebrauchs abgebildet.

Darstellungen von Drachen und → *Phönix*en verkörpern die männliche (Yang-) und weibliche (Yin-) Natur und sind Symbol des Ehepaares.

Als eines der → *„vier himmlischen Tiere"* im Feng Shui steht der Drache für den Osten, der Richtung des Sonnenaufgangs und des Frühlings, des Schöpferischen und des Neubeginns, weshalb man ihn auch als den „grünen Drachen" bezeichnet.

Im Feng Shui symbolisiert er Kraft, Stärke und Wohlstand. Für ein Haus oder Grundstück ist es daher wichtig, daß die linke Seite, die Drachenseite, optisch größer und mächtiger erscheint als die rechte Seite. Bei der Bestimmung der Seite stehen Sie mit dem Rücken zur → *Schildkröte* und blicken nach vorne.

Auch innerhalb der Räumlichkeiten gilt, daß die Drachenseite stärker betont wird. Dies kann durch Möbel, Pflanzen oder ein Bild erreicht werden.

Die Landschaft wird im Feng Shui außerdem nach sogenannten Drachenlinien abgesucht, die sich z.B. in der Form eines Bergrückens zeigen, um festzustellen, wo sich der günstigste Baugrund in dieser Gegend befindet, so daß der Chi-Fluß optimal genutzt werden kann.

Anwendung:
· Bei der Raumgestaltung sollten für die Drachenseite größere Gegenstände verwendet werden, z.B. große Pflanzen, Schränke oder/und ein dynamisches Bild.
· In der Gartengestaltung ist die Drachenseite durch markante Objekte zu betonen, z.B. mit einem größeren Baum, hohe Sträucher, eine Pergola, einen Steingarten
· In Form einer Skulptur kann der Drache als Talisman hilfreich sein, um Glück und Durchsetzung zu vermitteln.

Ba Gua-Bereich:
· Eltern (Donner)
· Reichtum (Wind)

Affirmation:
Kraftvoll und dynamisch übergebe ich mich dem „Neuen" (Tag, Aufgabe) und vertraue auf meine innere Weisheit.

Fruchtbarkeit

Ei

Die Entstehung der Welt aus einem „Ur-Ei" finden wir in zahlreichen Ursprungsmythen, so auch in Südchina: „Ursprünglich war die Welt ein Ei, aus dem alle Lebewesen hervorkamen; doch nach der großen Flut blieb nur ein Geschwisterpaar übrig. Schließlich gebar die Frau ein Ei, aus dem viele Kinder schlüpften."

Ähnlich wie in Europa ist das Ei auch in China ein Symbol der Fruchtbarkeit. Bei Hochzeitszeremonien wird es in den unterschiedlichsten Weisen weitergegeben, und auch den Kranken bringt man Eier als Geschenk, für den Wunsch einer schnellen Genesung. Zur ersten Geburtstagsfeier eines Kindes ist es Brauch, dem Kind ein weichgekochtes Ei zum Essen zu geben. Zum Neujahrsfest verschenkt man rotgefärbte Eier und wird dadurch zum „Übersender der Freude" für das kommende Jahr.

In China und in Indien steht das Ei außerdem für das Weltganze „Himmel und Erde", und das ägyptische Ankh erinnert ebenfalls an die Vorstellung eines Welt-Eis und ging als Henkelkreuz in die christliche Tradition über.

Anwendung:
· Als dekoratives Geschenk zu Hochzeit und Neujahr
· Als Symbol für Fruchtbarkeit und Kinderwunsch
· Als außergewöhnlicher Briefbeschwerer aus handbemaltem Porzellan, um das Wachstumspotential zu fördern

Ba Gua-Bereich:
· Kinder

Affirmation:
Ich verbinde mich mit der Urkraft des Universums, um Neues aus mir entstehen zu lassen.

Kraft, Stärke und Weisheit

Elefant

Der Elefant ist Asiens königliches Reittier. In der Frühzeit Chinas lebte er bis in den hohen Norden und in den Südprovinzen Chinas gar bis in die Neuzeit hinein. Er gilt als hochmoralisches Tier, denn er vollzieht die Paarung nur im Wasser, weil er sich nicht beobachtet fühlen möchte. Ihm wird auch Dankbarkeit nachgesagt, denn er soll einem Mann, der ihn heilte, als er einmal krank war, sein Elfenbein geschenkt haben.

Paarweise wird er oft gegenüberstehend am Lebensbaum abgebildet und fehlt selten auf Darstellungen des irdischen Paradieses. Allgemein stellt er ein wichtiges Tiersymbol dar, das mit schweren und doch leisen Füßen die erdhafte Wirklichkeit, die Mutter Erde, die uns trägt und geduldig unsere Lasten auf sich nimmt, verkörpert und uns die Macht des Lebens, gepaart mit großer unbesiegbarer Kraft, Stärke und Weisheit vermittelt. Wird er jedoch gereizt, so zeigt er uns unmißverständlich, wer der Stärkere ist.

Anwendung:
· Als Skulptur oder Figur aufgestellt, oder abgebildet auf einem Tuch, um die Eigenschaften des Elefanten auszudrücken.

Ba Gua-Bereich:
· Wissen
· Eltern

Affirmation:
Kraft, Stärke und Weisheit sind auch in mir und ich erlaube ihnen, sich mit Leichtigkeit und Freude auszudrücken.

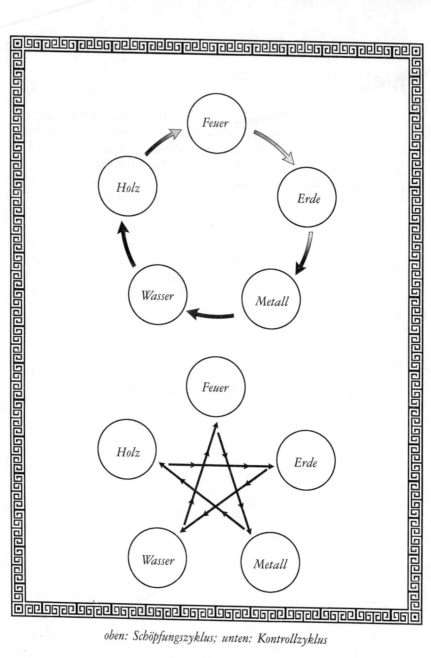

oben: Schöpfungszyklus; unten: Kontrollzyklus

Elemente, die fünf

Die fünf Elemente, sinngemäß richtig übersetzt mit „Wandlungsphasen", verkörpern alles, was in der Natur existiert: Formen, Farben, Materialien, Jahres- und Tageszeiten, Himmelsrichtungen und Naturerscheinungen oder von Menschenhand erschaffene Gebäude.

Zusammen bilden die 5 Elemente ein Ganzes – die Einheit – das Tai Chi. Jedes einzelne Element zeigt daher eine Eigenschaft in der Natur, die wir ständig beobachten können. Im Einzelnen sind dies:

Holz:	wachsend, verwurzelt, elastisch, aufstrebend
Feuer:	aufsteigend, bewegend, heiß
Erde:	fruchtbar, bodenverhaftet, ergiebig
Metall:	hart, schneidend, starr, zusammenziehend
Wasser:	fließend, kühl, absteigend, nachgiebig

Die speziellen Kräfte der 5 Elemente lassen sich besonders an folgendem Textbeispiel verdeutlichen: „Die Natur des Wassers ist es, zu befeuchten und nach unten zu fließen; die des Holzes, gebogen und gerade gerichtet zu werden; die des Feuers, zu lodern und nach oben zu schlagen; die des Metalls, gehorsam zu sein und geformt zu werden".

Dabei stehen die einzelnen Elemente nicht isoliert zueinander, sondern sind in ständiger Verbindung, sei es im Schöpfungszyklus zur Unterstützung oder im Kontrollzyklus zur Kontrolle. Im Einzelnen stellt sich dies wie folgt dar:

Schöpfungszyklus:
Wasser ernährt das Holz – Holz läßt das Feuer brennen – das Feuer nährt mit seiner Asche die Erde – die Erde bringt Metall hervor – flüssiges Metall fließt wie Wasser.

Kontrollzyklus:
Wasser löscht das Feuer – Feuer schmilzt das Metall – Metall spaltet Holz – Holz laugt die Erde aus – die Erde verschmutzt das Wasser.

Jedem Element werden verschiedene Merkmale oder Qualitäten zugeschrieben:

Holz
- hohe, zylindrische und aufstrebende Formen
- grün
- Holz
- Frühling/Morgen
- Osten
- Masten, Türme, Säulen, Fahnenstangen
- Schöpfung, Wachstum, Kreativität

Feuer
- Dreiecksformen, Spitzen, scharfe Kanten
- rot, violett, magenta, lila
- Leder, Kunststoff
- Sommer/Mittag
- Süden
- spitze Dächer, Pyramiden,
  pfeilartige Skulpturen
- Ausdehnung, Intellekt, Inspiration

Erde
- flache und ebene Formen
- braun, beige, gelb, orange, ocker
- Ziegel, Ton
- Spätsommer/Spätnachmittag
- Mitte
- Flachdächer, Bungalows, Terracotta-Gefäße
- Stabilität, Sicherheit, Geborgenheit

Metall
- runde und kuppelartige Formen
- weiß, grau, silber
- Metall
- Herbst/Abend
- Westen
- gerundete Arkaden, Bögen, Kuppeln
- Konzentration, Denken, Genauigkeit, Klarheit

Wasser
- unregelmäßige und wellige Formen
- blau, schwarz
- Glas
- Winter/Nacht
- Norden
- unregelmäßig geformte Gebäude oder Gebäude mit viel Glasanteil
- Kommunikation, Flexibilität, Geselligkeit

Anhand dieser Kennzeichen ist es möglich, die Umgebung oder die einzelnen Räumlichkeiten und deren Energien zu erfassen, um zu erkennen, welche Auswirkungen diese auf den Menschen haben. Zudem besteht dann die Möglichkeit, gezielt in der Gestaltung tätig zu werden, um die natürliche Ganzheit zu erhalten oder wiederherzustellen.

Im Feng Shui sind die 5 Elemente von enormer Wichtigkeit, denn damit können Räumlichkeiten wirksam und nach den individuellen Wünschen und Erfordernissen in Farbe, Form und Design gestaltet werden. So sollte z.B. das Schlafzimmer mit ruhigen Farben und Formen ausgestattet sein, hingegen der Wohn- und Eßbereich fröhlich und lebendig erscheinen.

Die Kunst im Feng Shui ist es, die jeweils richtige Kombination der 5 Elemente oder Teile aus dem Zyklus für die bestimmte Situation zu erreichen. Dabei besteht auch die Möglichkeit, ein Übergewicht eines Elements über den Kontrollzyklus mit allen anderen in Harmonie zu bringen. *Günstige Kombinationen* sind:
- Holz/Feuer/Erde • Metall/Wasser/Holz • Feuer/Erde/Metall

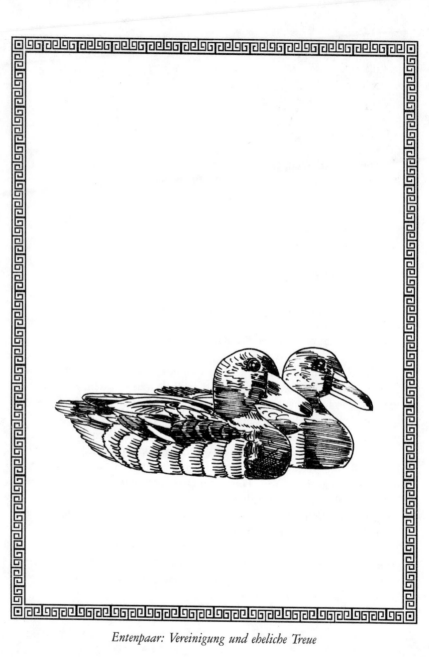

Entenpaar: Vereinigung und eheliche Treue

Ente

Da die Ente in China eher mit einer negativen Symbolik behaftet ist, greifen wir bei unserer Beschreibung auf die Mandarin-Ente zurück, die wiederum Achtung genießt. Sie wird in Europa oft in Parks gehalten und stammt aus Ostasien.

Bezeichnend für sie ist, daß sie paarweise zusammenlebt und den Partner nie wechselt. Deshalb stehen sie als Pärchen für eine gute Ehe und werden gerne Paaren geschenkt. Mit einer Lotosblüte und einer Lotosfrucht dargestellt deutet ein Mandarin-Entenpärchen die „Geburt eines Sohnes" an. Symbolisch ist sie also ein Bild für eheliche Vereinigung und Treue.

Als einzelnes Tier oder Familie vermittelt sie uns das Bild der anhänglichen und fürsorglichen Mutter und zeigt uns die Verbundenheit mit der Natur, den → *Elementen* Erde und Wasser.

Anwendung:
- paarweise oder als Gruppe zur Dekoration

Ba Gua-Bereich:
· Partnerschaft
· Eltern

Energie wird nach oben gelenkt

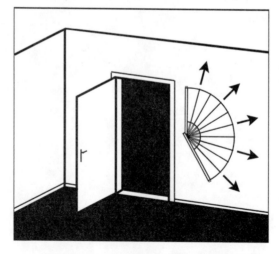

Energie wird durch den Raum gelenkt

Fächer

Fächer sind schon im 1. Jahrtausend v. Chr. in China bekannt gewesen und waren eine Zeitlang ein Zeichen für den Beamtenrang. In der chinesischen Mythologie trägt einer der Unsterblichen (Chung-li Ch'üan) als Zeichen einen Fächer, mit dem er Tote belebt. Einige Gottheiten werden mit dem Fächer dargestellt, um die bösen Geister zu vertreiben.

Im Feng Shui wird der Fächer hauptsächlich verwendet, um die Energie in die gewünschte Richtung zu „fächern", d.h. zu lenken. Auch wenn der Fächer an einer Wand befestigt ist, erfüllt er seinen Zweck den er symbolisch in sich trägt.

Die symbolhafte Wirkung des Fächers kann mit der Farbe (Element), dem Motiv (Pfau, Drache, Kranich) oder mit einem kalligraphischen Zeichen (Glück, langes Leben) noch unterstützt werden.

Anwendung:
· In Treppenaufgängen, um die Energie nach oben zu führen.
· In langen Fluren, um die Energie zu lenken.
· In größeren Räumen, um die Energie besser zirkulieren zu lassen.

Wichtig:
· Die geöffnete Seite bestimmt die Richtung des Energieflusses.
· Den Fächer nie direkt nach unten oder oben richten, sondern immer leicht geneigt aufhängen

Affirmation:
Die Energie fließt, und ich bestimme die Richtung

Fahne des chinesischen Kaisers (bis 1912): Yang-Symbol

Fahne

Die Fahne war zunächst ein strategisches Hilfsmittel, um auch aus der Ferne Signale und Befehle zu übermitteln. Erst später wurde sie ein Symbol für Würde und Ehre.

Chu Hung-wu, der Gründer der Ming-Dynastie (1368-1644), zog mit seiner Armee mit roten Fahnen in den Kampf. Nachdem er sich zum Kaiser ernannt hatte, zierten gelbe Fahnen sein Reich. Gelb galt als die → *Farbe* des Kaisers.

Im Feng Shui dienen Fahnen heute einem anderen Zweck: Als bewegliche Hilfsmittel veranschaulichen sie die Yang-Energie und ziehen das Chi (Aufmerksamkeit) auf sich. Deshalb werden sie vorwiegend von Großfirmen oder Geschäftsleuten für Feierlichkeiten, Geschäftseröffnungen oder zur Präsentation nach Außen verwendet.

Anwendung:
· Als Werbeträger, um die Aufmerksamkeit der Kunden zu gewinnen
· In Form einer Girlande, als Blickfang für Sonderangebote
· Zur Kundgebung besonderer Ereignisse
· Als Erkennungszeichen, um sich auf die Umwelt einzuprägen

Wichtig:
Der Fahnenmast sollte sich nicht gegenüber der Eingangstür befinden, um keine Unruhe (Spaltung) zu bewirken.

Farben

Farben schlagen eine Brücke zwischen dem Diesseits und dem Jenseits durch die gleichzeitige bildliche Darstellung von Körper, Geist, Zeit und Raum.

Die Sonne ist die Spenderin aller Farben, der Urquell allen Lebens und die Bedingung allen Daseins. Die Natur ordnet die Farben. Diese Tatsache sollte als Aufforderung gelten, unsere gesamte Umgebung farblich zu gestalten. Wohnaccessoires wie Tischdecken, Vorhänge, Möbelstoffe, Teppiche; Gegenstände wie Vasen, Schalen, Blumenarrangements, Bilder, Skulpturen, Lampenschirme, selbstangefertigte Kunstgegenstände sowie Pflanzen bieten uns unzählige Möglichkeiten. Durch die Wiederbelebung alter Maltechniken und der dadurch möglichen Farbnuancen besteht eine breite Palette von kreativen Gestaltungsmöglichkeiten der Wände unserer Häuser oder Wohnungen.

Mit Feng Shui halten wir ein Regelwerk in der Hand, das einerseits die Energie der Farben im Zyklus (fünf → *Elemente*) und im Yin und Yang erfaßt und andererseits die Symbolik und Dynamik der Farben näher beschreibt.

Grundsätzlich gilt, daß Rot und Schwarz eher zurückhaltend einzusetzen sind, da eine Überbetonung von Rot zu Aggressivität und Spannung, zuviel Schwarz zu Depression und Pessimismus führen kann.

Weiterhin ist für die Farbwahl ausschlaggebend, wie ein Raum genutzt wird. So sollten Schlaf- oder Ruheräume in ruhigen und zarten Farben gehalten werden, wohingegen das Wohnzimmer oder die Küche mit kräftigen und fröhlichen Farben ausgestattet werden können.

Weiß

Weiß erscheint als die vollkommenste aller Farben – es ist mit nur wenigen negativen Aussagen belegt: Da im symbolischen Denken der Tod dem Leben vorausgeht oder im Leben beinhaltet ist und jede Geburt eine Wiedergeburt darstellt, ist Weiß die Farbe des Todes und der Trauer, was lange Zeit in Europa Tradition war und in China noch Tradition ist.

Die positive Bedeutung der Farbe Weiß hängt auch mit ihrer Rolle bei der Initiation (Einweihung) zusammen. Sie ist die Farbe der Unschuld und Reinheit, des ungebrochenen Lichtes, der absoluten Wahrheit, der siegreichen endgültigen Verklärung und der ewigen Herrlichkeit.

Eine mächtige Geheimgesellschaft in China heißt „Weißer Lotos". Sie entstand zu Beginn des 12. Jh. Im Namen „Weißer Lotos" steckt die Vorstellung einer anderen, besseren und „reinen" Welt. Mit „reinem" Weiß wird sowohl in China als auch bei uns die Jungfräulichkeit assoziiert. Heiratet in Europa die Braut in weiß, so zeigt sie, daß sie in Unschuld und Reinheit alles, was vorher war, aufgibt.

Weiß steht im Bewußtsein vieler Menschen für das Vollkommene, das Ideale, das Gute. Doch Weiß neutralisiert auch alle Farben und wirkt selbst neutral und rein. Wer Weiß wählt, hält sich alle Möglichkeiten offen oder kann nicht zu eindeutigen Ansichten gelangen.

Im Feng Shui wird die Farbe Weiß dem Westen zugeordnet, dem Element Metall. Sie steht für den Herbst und den Abend und ist Sinnbild des Alters.

Eigenschaften:
· Fördert die Konzentration und klares Denken

Ba Gua-Bereich:
· Kinder
· Hilfreiche Freunde

Schwarz

Allgemein ist Schwarz Sinnbild für Vernichtung, den Tod und das Totenreich, für das Dunkle, die Nacht aber auch die Ehre. Sie stellt Trauer ohne Hoffnung im Gegensatz zur messianischen Trauer in Weiß dar. Schwarz, das ist der Fall ins Nichts ohne Wiederkehr.

Der erste Kaiser Chinas hat, nachdem er die rote Chou-Dynastie besiegt hatte, Schwarz als seine Dynastiefarbe gewählt. Nach dem Kontrollzyklus der → 5 *Elemente* löscht die Farbe Schwarz (Wasser) die Farbe Rot (Feuer). Erst nach 100 Jahren entschied man sich wieder für rot als Dynastiefarbe.

Im Feng Shui wird die Farbe Schwarz dem Norden, dem Element Wasser, zugeordnet. Sie steht für den Winter und die Nacht, ist aber auch Sinnbild von Geld und Reichtum.

Eigenschaften:
· Schwarz ist schwer und absorbierend, sollte daher nur zur Akzentuierung verwendet werden (Bordüre, Schale usw.)

Ba Gua-Bereich:
· Karriere

Rot

Diese faszinierende Farbe ist die älteste Farbbezeichnung in fast allen Sprachen der Welt. Ihre Symbolik ist von zwei elementaren Erfahrungen geprägt: von Feuer und Blut. Sie zieht den Blick an, erregt, erweckt die Gedankenverbindung zu Kraft, Macht, Autorität und Eroberung.

In China ist Rot die „lebensspendende Farbe" und Grabfunde zeigen uns, daß den Toten schon früh Zinnober und Rötel mitgegeben wurde, um ihr Wohlwollen zu erhalten.

Rot ist die Farbe der Braut, da sie Leben, Glück und Freude am intensivsten ausdrückt. Auf der chinesischen Bühne ist ein rotgesichtiger Mann ein heiliger Mensch, und von den drei → *Hausgöttern* hat derjenige, der hohen Rang und Reichtum verkörpert, ein rotes Gewand an.

"Rot und Grün" ist die Symbolformel der chinesischen Malerei, da beides Farben des Lebens und des Wachstums sind und außerdem noch Heilung und Ruhe bedeuten, denn zum Gesundsein oder Gesundwerden brauchen wir Ruhe und Freude.

Im Feng Shui wird die Farbe Rot dem Süden zugeordnet, dem Element Feuer. Sie steht für den Sommer, ist als Tageszeit dem Mittag zugeordnet und ist Sinnbild der Jugend.

Eigenschaften:
· Wirkt aktivierend und anregend, verleiht Durchsetzung und Dynamik. Sollte jedoch wie Schwarz nur für Akzente verwendet werden.

Ba Gua-Bereich:
· Ruhm

Grün

Das grüne Kleid der Erde im Frühling inspiriert zur Hoffnung, und gleichzeitig versinnbildlicht es sie. Grün regt die Phantasie an, macht empfänglich und versetzt die Seele in positive Schwingungen. Es ist eine vermittelnde Farbe, beruhigend, erfrischend und menschlich.

Im Feng Shui wird die Farbe Grün dem Osten zugeordnet, dem Element Holz. Sie steht für den Frühling, ist dem Morgen zugeordnet und ist Sinnbild für Wachstum und Ausdehnung.

Eigenschaften:
· Fördert den Gesundungsprozeß und regt die Kreativität an.
· Verleiht Frische und eine positive Lebenseinstellung

Ba Gua-Bereich:
· Reichtum
· Eltern

Gelb

Gelb ist die hellste, intensivste und strahlendste aller Farben, den Sonnenstrahlen entsprechend. Sie spiegelt das auf die Oberfläche treffende Licht am stärksten wider. Das ist auch der Grund, warum wir das Sonnenlicht als Gelb und nicht als Weiß empfinden. Gelbtöne muntern auf und zaubern Sonnenschein ins Zimmer, auch wenn es draußen trüb und grau ist.

In China war Gelb ab dem 6. Jh. n. Chr. die Ehrenfarbe, die nur dem Kaiser zustand, und seitdem war gelbe Kleidung für gewöhnliche Bürger lange verboten. Sie wurde die ewigwährende Landesfarbe Chinas.

Im Feng Shui wird die Farbe Gelb der Mitte zugeordnet, dem Element Erde. Sie steht für den Spätsommer und den Nachmittag, gilt als äußerst positiv und ist Sinnbild für ein langes Leben.

Eigenschaften:
· Wirkt ausgleichend und beruhigend
· Vermittelt Geborgenheit und Stabilität

Ba Gua-Bereich:
· Partnerschaft
· Wissen
· Zentrum

Blau

Blau ist vom Gefühl her die kälteste Farbe, und so erscheinen die Schatten des Sommerlichtes blau. Allgemein wird die Farbe Blau dem Himmel zugeordnet. Früher war Indigoblau die Hauptfarbe zum Färben der Kleider einfacher Leute.

Bei der Wandgestaltung sollte man sich auf helle Blautöne beschränken, da diese Weite und Zugänglichkeit vermitteln, während die dunklen Blautöne die Bewohner dazu verleiten, sich zu stark zurückzuziehen.

Im Feng Shui wird die Farbe Blau, wie die Farbe Schwarz, dem Norden zugeordnet, dem Element Wasser. Sie steht für den Winter und die Nacht.

Eigenschaften:
· Helles Blau regt die Kreativität an und verleiht Offenheit
· Tiefes Blau macht introvertiert und gibt Distanz

Ba Gua-Bereich:
· Karriere

Rosa

Rosa ist die Farbe der Weiblichkeit, Zärtlichkeit, Lieblichkeit und schafft Harmonie. Sie ist das abgeschwächte Rot und das bereicherte Weiß, was männliche und weibliche Energie miteinander vermischt. Sie symbolisiert auch Romantik und „Unschuld" oder die Energie gerade erwachter junger Liebe. Daher ist es in China sehr beliebt, die Schlafräume in Rosa zu halten, um das Eheglück zu unterstützen.

Dem → *Element* Erde zugeordnet kann sie reizvoll mit Braun verbunden werden.

Ba Gua-Bereich:
· Ehe/Partnerschaft

Wohlstand und Erfolg

Fisch

In China ist der Fisch Symbol für Reichtum und Wohlstand, da die Aussprache von Fisch im chinesischen gleichlautet wie „Überfluß". Deshalb waren Fische in Mittelchina lange Zeit beliebte Opfergabe für den Gott des Reichtums. Noch heute essen die Chinesen zum Neujahrstag Fisch, mit dem Gedanken „in diesem Jahr soll Überfluß herrschen".

Wird der Fisch zusammen mit Lotosblüten dargestellt, so soll hier der Wunsch ausgedrückt werden „Jahre über Jahre mögest du in Überfluß leben".

Viele Chinesen halten aus diesen Gründen Fische im → *Aquarium* oder in einem kleinen → *Teich* im Freien, um die Aussichten auf Reichtum und Glück zu verbessern. Daher darf in keinem China-Restaurant das Aquarium fehlen. Doch auch die Darstellung von Fischen auf Vasen, Schirmen oder Bildern sowie als Figuren vermittelt diesen Symbolgehalt.

Im Feng Shui werden sie aufgrund ihrer schillernden Schuppen und Farbenpracht dem Element Feuer und der Qualität Yang zugeordnet.

Anwendung:
· In Verbindung mit einem Aquarium zur Raumgestaltung
· Als Abbild auf einer Vase in der Nähe der Eingangstür, um das Glück anzuziehen und zu sammeln
· Als Porzellan-Figur, um Reichtum und Wohlstand auszudrücken
· Als künstlerisches Bild oder selbstgefertigte Tonfigur, um ebenfalls Reichtum und Wohlstand zu begünstigen

Ba Gua-Bereich:
· Reichtum
· Karriere

Affirmation:
Das Leben gibt mir was ich brauche und ich darf es genießen.
Das Leben schenkt mir Überfluß und Fülle, ich genieße.

Flöten

Eine Flöte erzeugt harmonische und wohlklingende Töne. Früher diente sie auch dazu, den Frieden und gute Nachrichten zu verkünden. Durch diese Zuordnung bringt sie Frieden und Sicherheit in die Räumlichkeiten.

Desweiteren werden Flöten im Feng Shui verwendet, um den Energiestrom (Luftstrom) in die gewünschte Richtung zu lenken oder die Raumenergie mit kosmischem Chi zu füllen. Bei den einzelnen Anwendungsmöglichkeiten ist darauf zu achten, wohin das Mundstück zeigt, denn diese Öffnung gibt die Richtung (in die die Luft geblasen wird) an.

In der Regel werden die Flöten immer paarweise angebracht und sind teilweise mit Motiven bemalt, was eine zusätzliche Symbolbedeutung hat. Bei Drachen- und Phönix-Motiven ist der Drache von vorne gesehen stets rechts anzubringen. Montiert werden die Flöten in einem Winkel von 120° zueinander, was einem angedeuteten Achteck (Ba Gua) entspricht. Die Länge der beiden Flöten und der obere Abstand zwischen ihnen sollte nach den günstigen → *Maßen* im Feng Shui gewählt werden.

Anwendung:

· Über der Innenseite einer Eingangstür (Abb. links), um vor negativen Energien zu schützen oder kosmisches Chi einströmen zu lassen – Mundstück nach oben.

- An mächtigen Deckenbalken, um der nach unten drückenden Dynamik entgegenzuwirken (Abb. rechts) – Mundstück nach unten.
- Im Treppenaufgang, um den Energiefluß nach oben zu lenken – Mundstück nach unten.
- Unter starken Dachschrägen (Spitzgiebel), um die abziehende Energie wieder in den Raum zu leiten – Mundstück nach oben.

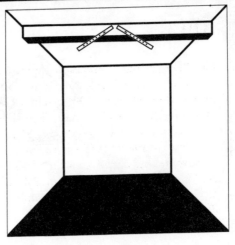

Wichtig:
- Nicht am Fenster oder in unmittelbarer Nähe aufhängen.
- Das Ende einer Flöte sollte nicht direkt auf einen Menschen (Bett, Schreibtisch) zeigen.

Affirmation:
Friede und Harmonie umgeben und erfüllen mich.
Alles ist gut in meiner Welt.

Klarheit und Sammlung

Glocke

Sowohl als Musikinstrument, als auch als mystisches und rituelles Gerät wurde die Glocke in vielen Kulturen verwendet. Ihr Klang sollte nicht nur die Menschen, sondern auch die übernatürlichen Kräfte zusammenrufen, weshalb sie vielfach den Charakter eines Kultsymbols annahm.

In Ostasien werden die Glocken durch einen Stab oder Holzklöppel von außen angeschlagen. Je nach Klang zeigt eine Glocke Glück oder Unglück an. Das Wort für Glocke ist in Chinesisch gleichlautend wie „eine Prüfung bestehen" oder „glücken" und wird deshalb gerne in diesem Zusammenhang wie ein Wortspiel verwendet.

Wegen ihrer Form, ihres Klanges und des Materials wird sie dem → *Element* Metall zugeordnet und als Symbol für Klarheit und Sammlung, ähnlich einer Meditation, eingesetzt.

Anwendung:
· Als Ritualgegenstand, um eine Meditation einzuleiten
· Als Schutzsymbol in der Eingangstür/im Eingangsbereich
· Als Willkommensgruß für Freunde (und Engel)

Ba Gua-Bereich:
· Hilfreiche Freunde

Luk: Wohlstand/Glück; Fuk: Ansehen/Überfluß;
Sau: Gesundheit/langes Leben

Hausgötter

Die drei wichtigsten Hausgötter der Chinesen sind Fuk, Luk und Sau, das göttliche Dreigestirn. Sie sind in fast jeder Wohnung der Chinesen in aller Welt anzutreffen. Im Einzelnen bedeuten sie:

Fuk

Gott des Wohlstandes und des Glücks. In seiner Hand hält er eine Schriftrolle mit der Formel, die die Güte des Schicksals erweckt. Er ist die größte Figur und steht immer in der Mitte, was seine Bedeutung unterstreicht.

Luk
Gott des Ansehens und des Überflusses. Er hält das Zepter der Macht und der Autorität in der Hand.

Sau
Gott der Gesundheit und des langen Lebens. Als besonderes Kennzeichen gilt seine hohe, gewölbte Stirn. In der einen Hand trägt er einen → *Pfirsich* und in der anderen Hand einen Spazierstock (Drachenstab).

Fuk, Luk und Sau werden immer gemeinsam aufgestellt und erhalten einen besonderen Ehrenplatz oder sogar einen eigenen Raum innerhalb des Hauses. Dabei ist zu beachten, daß der Ehrenplatz immer höher ist als jeder andere Tisch in ihrem Bereich. Ihre Gegenwart im Haus garantiert das ständige Vorhandensein von Gesundheit, Wohlergehen und reichlicher Nahrung. Sie stellen die drei wichtigsten Kennzeichen eines „günstigen Schicksals" dar.

Die Hausgötter gibt es in einer Vielzahl von Größen und Formen, sei es als farbenprächtig bemalte Keramikfiguren oder wertvolle Goldstatuen.

Anwendung:
· Im Eingangsbereich, um die eintretende Energie günstig zu beeinflussen („günstiges Schicksal").
· Im Wohn- oder Eßzimmer für ein „günstiges Schicksal"
· Ein Ehrenplatz innerhalb des Hauses

Ba Gua-Bereich:
· Alle Bereiche

Affirmation:
Möge das Haus mit Wohlstand, Gesundheit und Ansehen erfüllt werden.

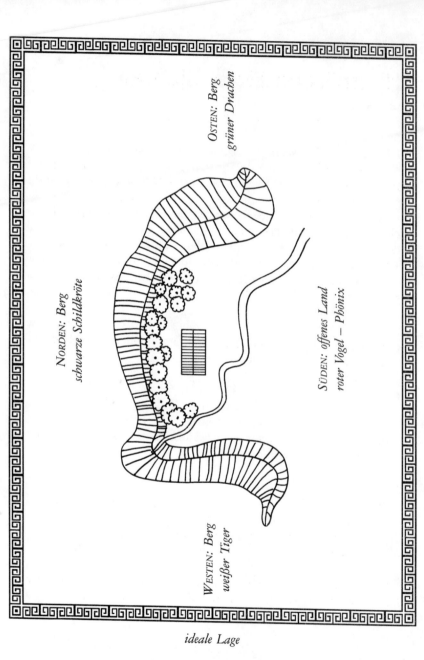

NORDEN: Berg
schwarze Schildkröte

OSTEN: Berg
grüner Drachen

SÜDEN: offenes Land
roter Vogel – Phönix

WESTEN: Berg
weißer Tiger

ideale Lage

Himmlische Tiere, die vier

„Wo sich Drache und Tiger umarmen, da ist Chi.“

Dieser einfache Ausspruch zeigt uns, wie sich die Umgebung symbolhaft in Form der „vier himmlischen Tiere" im Sinne von Feng Shui darstellt. Jedes Haus und jeder Platz oder Ort erhält durch die Gestalt der Umgebung seinen Charakter – sein Flair. Wie das nach Feng Shui im einzelnen zu deuten ist, kann mit der Symbolik der „vier himmlischen Tiere" beschrieben werden:

Schildkröte
Sie schützt den Rücken des Hauses oder Grundstücks und sorgt so für Ruhe, Stabilität und Sicherheit.

Drache
Er regiert die linke Seite von Haus oder Grundstück und sollte sich optisch stark hervorheben. Als Bewacher des Hauses sorgt er für Glück und Wohlstand.

Tiger
Er beherrscht die rechte Seite des Hauses oder Grundstücks und sollte sanfter und niedriger gestaltet sein als der Drache. Ein übermächtiger Tiger steht für Streit und Unglück.

Phönix
Er befindet sich auf der Vorderseite des Hauses oder Grundstücks und muß ungehindert frei fliegen können, weshalb hier die Gestaltung flach und offen zu sein hat. Der Phönix vermittelt Lebensfreude und Anerkennung.

Werden alle vier charakteristischen Energien der „vier himmlischen Tiere" vor Ort verwirklicht, spricht man im Feng Shui vom „idealen Standort". Dieses Prinzip gilt sowohl für das Haus, als auch für den einzelnen Raum im Haus.

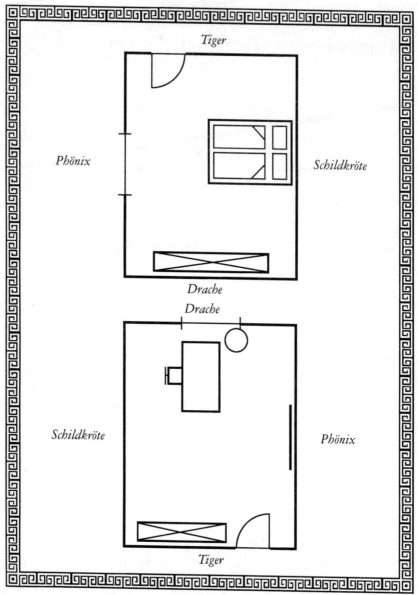

oben: idealer Standort für das Bett; unten: idealer Standort für den
Schreibtisch – der Drache wird durch eine kräftige Pflanze (Kreis) gestärkt

Ausgangspunkt bei der Betrachtung für ein Gebäude oder einen Raum ist immer die Schildkröte – die Rückendeckung. Dabei ist der freie Blick auf den Phönix gerichtet. Der Drache befindet sich somit links und der Tiger rechts. Betrachten wir diese Formation näher, so können wir ein stilisiertes Hufeisen erkennen, ein Symbol für Glück und Wohlstand (siehe Abb. S. 86).

Innerhalb von Räumlichkeiten ist auch der Begriff des „Lehnstuhls" gebräuchlich, um den besten Platz für Bett oder Schreibtisch festzulegen. Ähnlich eines gemütlichen Sessels sollte sich hier im Rücken die stabile Wand befinden, die Seiten Halt und Stütze geben und die Vorderseite frei zugänglich sein.

Die ausführlichere Symbolik der „vier himmlischen Tiere" kann unter dem jeweiligen Begriff nachgeschlagen werden.

Anwendung:

· Beim Kauf oder Anmieten von Haus oder Wohnung sollte beachtet werden, daß möglichst alle Attribute der „vier himmlischen Tiere" vorhanden sind
· Bei der Gestaltung des Schlafzimmers, auf jeden Fall auf eine gute Rückendeckung (Schildkröte) und auf einen freien Blick nach vorne Tür/Fenster) achten
· Für den Schreibtisch: nicht mit dem Rücken zur Tür sitzen, sondern vor einer geschlossenen Wand

Beamter mit Hirsch: Reichtum

Hirsch

In China gilt der Hirsch aufgrund der ähnlichen Aussprache wie „gutes Einkommen" als Symbol für Reichtum. Eine bildhafte Darstellung eines Beamten mit einem Hirsch soll aussagen: „Ruhm und Reichtum mögen kommen". Häufiger ist jedoch der Hirsch in Verbindung mit dem „Gott des langen Lebens" abgebildet und somit Sinnbild für Langlebigkeit.

Anwendung:
· Als kleine Tischskulptur für den Schreibtisch
· Als große Gartenskulptur für die Außengestaltung

Ba Gua-Bereich:
· Reichtum
· Eltern (Gesundheit)

Anmerkung:
Ein langes Leben war im alten China u.a. deshalb so erstrebenswert, weil man in den jungen Jahren hart arbeitete, um den Reichtum der Familie zu mehren, und viel Zeit damit zubrachte, den Alten, die über das Vermögen bestimmten, zu Diensten zu sein – ein Privileg, dessen man selbst natürlich auch teilhaftig werden wollte.

Ewige Freundschaft, Beständigkeit und langes Leben

Kiefer

Die immergrüne Kiefer, selbst in hohem Alter immer frisch wirkend, ist der am häufigsten dargestellte Baum in der chinesischen Kunst. Da sie selbst den kältesten Winter überdauert und ihre paarweisen Nadeln nicht verliert, gilt sie als Symbol für ewige Freundschaft, Beständigkeit und ein langes Leben. Selbst in der chinesischen Dichtung nimmt die Kiefer einen der vordersten Plätze ein, so erwähnen u.a. die „Gespräche des Konfuzius" öfter die Kiefer: „Durch ihr Stillehalten verlängert sie ihr Leben".

Zusammen mit → *Bambus* und → *Pflaume* gehört die Kiefer zu den „drei Freunden im Winter". Wird die Kiefer zusammen mit einem → *Kranich* abgebildet, so versinnbildlicht dies „die letzten Jahre eines langen Lebens". Daher wird die Kiefer auch vorzugsweise auf Gräber gepflanzt. Ein alter chinesischer Brauch ist es, in den kalten und kargen Wintertagen das Haus mit einigen Kieferzweigen und Grünpflanzen zu schmücken. Eine ähnliche Symbolik ist der in der westlichen Welt beliebte Christbaum zur Weihnachtszeit.

Im Feng Shui gilt es als vorteilhaft, den Hauseingang oder den Garten mit Kiefern zu bepflanzen. Sie sollten jedoch nicht zu groß werden und sich harmonisch in das gesamte Bild einfügen.

Anwendung:
- Als paarige Bepflanzung der Blumenkübel am Hauseingang
- Als größere Einzelpflanze im „Rücken" des Hauses. Hier kann die Kiefer auch die Funktion der „schwarzen → *Schildkröte*" übernehmen

Glück und langes Leben

Knoten, der endlose

Die Knoten- oder Flechtband-Symbolik ist in China von großer Bedeutung. Der endlose, in sich zurücklaufende Knoten ist ein buddhistisches Symbol und steht für ein ununterbrochenes, langes Leben. Häufig wird er auch als „Glücksknoten" bezeichnet. Als ornamentales Symbol wird er in China zu den verschiedensten Figuren abgewandelt (siehe Wandborte in Abb. links unten).

Anwendung:
- Als Einzelornament über dem Bett, um Gesundheit und langes Leben oder den Ehebund auszudrücken
- Als Endlosornament (Borte) an Wänden

Ba Gua Bereich:
- z.B. Karriere – als wellenförmige Borte (laufender Hund)

Erneuerung

Kranich

Er ist Bote des Frühlings und Symbol der Erneuerung. Ein Kranich-flügel galt als Amulett gegen Müdigkeit und Abgespanntheit, denn der Kranich wurde wegen seiner unermüdlichen Flugfähigkeit bewundert.

In China setzte man ihn als Sinnbild für „langes Leben" ein, und er wird oft zusammen mit → *Kiefer* und → *Stein* dargestellt, ein dreifaches Symbol der Langlebigkeit.

Weiterhin gilt der Kranich als Zeichen der Weisheit. Ausdrücke wie „Himmelskranich" oder „Seligenkranich" deuten auf diese Eigenschaft hin. Ein Bild, das einen Kranich auf einem Felsen in die Sonne blickend darstellt, bezeichnet einen führenden Beamten, der alles sieht. Ein Kra-nich, der der Sonne entgegenfliegt, vermittelt den Wunsch nach gesell-schaftlichem Aufstieg.

Anwendung:
· Als Metall-Figur in der Gartengestaltung
· Als Abbild auf einem → *Schirm* zur Raumdekoration

Ba Gua-Bereich:
· Eltern (Gesundheit)
· Wissen

Barmherzigkeit

Kuan Yin

Ihr vollständiger chinesischer Name heißt „Kuan Shi Yin Po Sa" und wird übersetzt mit „diejenige, die die Laute (Schreie der Welt) hört".

Ursprünglich war sie ein er, nämlich der buddhistische Sonnengott Avalokiteshvara (Schirmherr des tibetischen Buddhismus); ein Bodhisattva, der mit „tausend Händen und tausend Augen" ausgestattet war und seinen Standort in der Sonne, der Wahrheit, hatte.

Nach indischem Schönheitsvorbild bekam er sehr weibliche Züge, besaß weibliche Formen, eine voll entwickelte Brust und wurde wohl deshalb in China als Göttin angesehen (belegt seit dem 9. Jh.). Und so ist Kuan Yin dort die Göttin der Barmherzigkeit, der Gnade und des manifestierten Wissens. Sie erfährt, wenn jemand Hilfe braucht, und bringt Frieden und Mitgefühl, wo immer sie ist.

Anwendung:

· Als Porzellanfigur befindet sich zu ihren Füßen ein Drache, in den Wasser gefüllt werden kann. Nach der Meditation kann dieses im Raum versprengt werden, um diese Kraft zu verteilen
· Als Holzfigur aufgestellt, um die Energie des Friedens und der Barmherzigkeit anzuziehen

Ba Gua-Bereich:

· Hilfreiche Freunde
· Wissen

Affirmation:

Möge immer Frieden und Mitgefühl in meinem Hause sein.
In meinem Innersten bin ich friedvoll und barmherzig

Langes Leben (kalligraphische Variationen des Zeichens)

Langes Leben

In Gesundheit ein hohes Alter zu erreichen, so daß man die Früchte seines Lebens ernten kann, ist für viele Chinesen der wichtigste Aspekt von Glück (siehe Anmerkung S. 91). Daher finden wir zahlreiche Abbildungen und Symbole, die dieses erstrebenswerte Ziel um- oder beschreiben.

Wir möchten hier die wichtigsten Symbole aufführen, deren näheren Inhalt Sie teilweise unter der jeweiligen Bezeichnung erläutert (siehe Pfeil) finden.

Götter

Shou-hsing: Gott der Langlebigkeit
→ *Sau:* Gott des langen Lebens
P'eng-tsu: der chinesische Methusalem

Tiere
→ *Hirsch*
→ *Kranich*
→ *Schildkröte*

Pflanzen
→ *Bambus*
→ *Kiefer*
→ *Pfirsich*

Anwendung:
· Als Skulptur (Gott oder Tier) innerhalb des Hauses
· Als Pflanze im Gartenbereich

Ba Gua-Bereich:
· Eltern (Gesundheit)

Affirmation:
Ich vertraue darauf, daß mir der Prozeß des Lebens nur Gutes bringt.

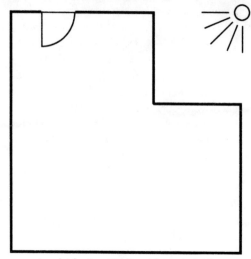

Ausgleich eines Fehlbereiches mit Licht

Licht

Licht ist Energie, und die größte Lichtquelle ist die Sonne, die mit ihrer Kraft alles Leben auf der Erde ermöglicht. Helles und warmes Licht gilt daher im Feng Shui als Grundvoraussetzung für das Vorhandensein von genügend Lebensenergie (Chi).

Die Qualität und die richtige Wahl der Beleuchtung sind daher sehr wichtig. Dunkle Räume dämpfen den Chi-Fluß und haben eine träge und depressive Auswirkung. Der gleiche Raum erhält durch die richtige Beleuchtung Kraft und Leben.

Durch verschiedene Lichtquellen wie Hänge- oder Stehlampen, Deckenfluter, Spots oder indirektes Licht kann die Beleuchtung eines Raumes ganz speziell auf die jeweiligen Bedürfnisse und Erforderungen abgestimmt werden. Dabei ist darauf zu achten, daß die einzelnen Menschen vom Licht nicht geblendet werden.

Eine gute Feng Shui-Maßnahme ist es, den Eingangsbereich, die Tür und den Weg zum Haus zu beleuchten. Dadurch wird der Chi-Fluß kräftig unterstützt und kann leichter ins Haus gelangen. Diesen Effekt nutzen vielfach Hotels oder Restaurants, die so regelrecht die Gäste zu sich führen.

Das geeignete Licht ist das Vollspektrumlicht. Es enthält die Regenbogenfarben und wirkt sich so zusätzlich positiv auf die Gesundheit aus. Herkömmliche Glühlampen sind ebenfalls geeignet die Räume zu beleuchten.

Vor allem in Aufenthaltsräumen, wie Wohn- und Schlafzimmer, Kinderzimmer und Büro sollte auf eine Beleuchtung mit Leuchtstoffröhren und Niedervolt-Halogenlampen verzichtet werden, da diese unser Wohlempfinden stören.

Anwendung:
· Innerhalb der Räume, um den Energiefluß in dunklen Ecken und Nischen zu unterstützen
· Der bedrückenden Wirkung von niedrigen oder dunklen Decken mit einem Deckenfluter entgegenzuwirken
· In Räumen ohne Fenster (Bad, Flur), um den Energiefluß zu steigern
· Beleuchtung des Eingangs, um Aufmerksamkeit zu erzielen (Geschäfte)
· Beleuchtung von Wegen, um den Chi-Fluß gezielt zu lenken
· Bei einem L-förmigen Grundriß, um den Fehlbereich auszugleichen.

Ba Gua-Bereich:
· Ruhm
· Ansonsten kann jeder Bereich des Ba Gua mit Licht gezielt verstärkt werden

Wichtig:
· Defekte Lampen sind sofort zu ersetzen

Affirmation:
Licht strömt in mein Leben und verbreitet Freude

Sorgenvertreiber, Sohnbringer und Schutzsymbol

Lilie

Der angenehme Duft und die volle Blüte der Lilie stehen für gutes Feng Shui. In China gilt sie als Pflanze, die einen die Sorgen vergessen läßt.

Als Geschenk an eine junge Frau bedeutet sie: „Möge ihr ein Sohn geschenkt werden." Als „Sohnbringer" wir sie deshalb gerne zur Hochzeit oder an Geburtstagen verschenkt.

Desweiteren werden Schwertlilien am fünften Tag des fünften Monats an der Tür angebracht, um die bösen Geister abzuwehren.

Anwendung:
· Als Pflanze zur Dekoration
· Als stilisiertes Emblem auf Wänden, Möbeln oder Stoffen

Löwen als Türwächter: Abwehr von Unglück

Löwe

Der Löwe ist bei den Chinesen das Schutzsymbol für den Eingang und darf vor keinem China-Restaurant fehlen. Häufig finden wir zwei steinerne Löwen als Wächter vor Amtsgebäuden und Tempeln. So bewachen Löwen alle wichtigen Räume der „Verbotenen Stadt" in Peking und den Eingang taoistischer Tempel. Ihr grimmiges Aussehen dient dazu, schädliche Einflüsse aus der Umgebung und von übelwollenden Menschen abzuwehren.

Der rechte Löwe ist männlich (Yang) und hält seine linke Pfote auf einen gestickten Ball, der linke Löwe ist weiblich (Yin) und unter seiner rechten Pfote liegt ein Löwenbaby auf dem Rücken. Je nach Rang des Beamten haben die Löwen vor seinem Amtsgebäude eine größere oder kleinere Anzahl von Beulen auf dem Kopf.

Das Löwenpaar ist immer vor dem Haus aufgestellt, damit das Unglück rechtzeitig abgewehrt wird. Eingangstore, die von Löwen bewacht werden, werden auch als „Löwentor" bezeichnet.

Anwendung:
· Als Türwächter vor der Eingangs- oder Gartentür
· Als Abbildung im Eingangsbereich, z.B. auf dem Spruchband

Affirmation:
Mit Mut und Kraft wird dieses Haus beschützt.

Reinheit und Erleuchtung

Lotos

(Lotus)

Der Lotos ist eine der wichtigsten und symbolträchtigsten Pflanzen in China. Er gilt als „das Symbol der Reinheit" und steht für Buddhas Erleuchtung, weshalb er einen besonderen Platz in der Weltanschauung aller Buddhisten einnimmt.

Der Lotos wächst in trübem, sumpfigem Wasser und seine wunderschöne Blüte steigt aus diesem strahlend hervor. Damit versinnbildlicht er die unbefleckte Schönheit und die unberührte Reinheit in einer verunreinigten Umgebung.

Der Lotos hat in China zwei Namen, Lien oder Ho. Lien ist lautgleich mit „verbinden", „lieben" und „ununterbrochen", aber auch mit „Bescheidenheit". Ho steht für Einheit. In Verbindung mit anderen Symbolen entstehen somit vielerlei Wortspiele: Ein Knabe mit einem → *Fisch* und neben ihm ein Lotos heißt „mögest du jahraus, jahrein Überfluß haben", zwei Lotospflanzen „gemeinsames Herz und Harmonie", Symbol für die Ehe.

Im Feng Shui wird der Lotos gerne als Teichbepflanzung verwendet, denn er gilt als besonderer Glücksbringer, wenn er blüht. Bildet sich die Frucht, so ist dem Heim großes Glück verheißen.

Anwendung:
· Als Teichbepflanzung, ähnlich der Seerose
· Als chinesische Malerei in Form eines Bildes
· Als stilisiertes Ornament auf Wänden oder in Verzierungen

Ba Gua-Bereich:
· Ehe/Partnerschaft

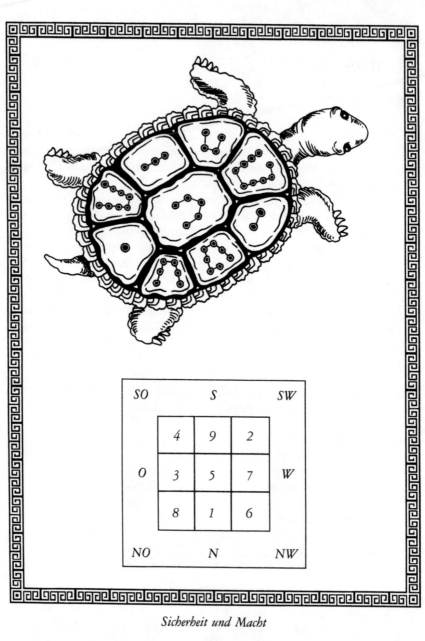

Sicherheit und Macht

Magisches Quadrat

(Lo Shu)

Magische Quadrate, in die schachbrettartig Zahlen so angeordnet sind, daß die Summe der Vertikalen, Horizontalen und Diagonalen stets die Gleiche ist, sind sowohl in der östlichen, als auch in der westlichen Mystik bekannt, deren Ursprung in Indien liegt.

Die Magischen Quadrate wurden oft Planeten zugeordnet, wobei der Wert der Summe die Eigenschaften des jeweiligen Planeten ausdrückte, weshalb sie auch als Planetensiegel bekannt sind.

Die kleinste Planetentafel ergibt sich aus drei mal drei Feldern, also insgesamt neun, in denen die Grundzahlen von eins bis neun so angeordnet sind, daß die Summe stets 15 ergibt. Dieses Magische Quadrat wird dem Saturn zugeordnet. Als Talisman soll es Sicherheit und Macht verleihen.

Im Feng Shui oder in der chinesischen Numerologie ist folgende Legende bekannt: König Fu Hsi (ca. 2500 v. Chr.), ein sehr weiser Mann, ließ sich am Fluß Lo zur Meditation nieder, als aus diesem eine Schildkröte emporstieg. Auf ihrem Panzer befand sich ein Muster farbiger Punkte (oder Wassertropfen – siehe obere Abb. links), die entsprechend dem magischen Quadrat angeordnet waren. Er kam zu der Überzeugung, daß dieses Muster die Bewegung der Energie im Universum erklärt. Dieses Quadrat ist uns heute als „Lo Shu" bekannt oder als „Plan des Lo-Flusses" (siehe untere Abb. links).

Das Lo Shu dient im Feng Shui als Grundstruktur für viele Berechnungen. So ist es Ausgangspunkt für das → Ba Gua oder die acht → Trigramme, sowie die Grundlage für das „9-Sterne-Ki" oder „der fliegenden Sterne" (astrologische Berechnungen und Analysen für Menschen und Gebäude). Das auch im Westen bekannte I Ging (Buch der Wandlungen) wurde von König Wen (ca. 1000 v. Chr.) ebenfalls aus dem Lo Shu weiterentwickelt.

Anwendung:

· Als Schutzsymbol über oder neben der Eingangstür
· Als Emblem auf einem Talisman

Harmonie (Grundform des tibetischen Mandalas)

Mandala

Der Begriff Mandala kommt aus dem Sanskrit und bedeutet heiliger oder magischer Kreis. Die symmetrische Verbindung von mehreren Kreisen und Quadraten führte zu den unterschiedlichsten Formen und Mustern, die als Konzentrationshilfe und zur Meditation verwendet werden.

Im ursprünglichen Sinn sind Mandalas geistige Abbilder der Weltordnung (Kosmogramme), und drücken über den Kreis den Himmel und über das Quadrat die vier Weltenrichtungen aus. Das Wissen über die kosmische Kraft dieser Abbildungen wurde in Tempelanlagen verwendet, indem diese architektonisch danach konstruiert wurden.

Die im Westen bekanntesten bildlichen Darstellungen sind die tibetischen Mandalas. Ihr Zentrum besteht oft aus einer Lotosblüte, in der eine Gottheit dargestellt ist. Die symmetrische Form vermittelt den Eindruck von Harmonie und Gleichgewicht, was in uns eine innige Verbindung zur Ruhe und Stille herstellt.

Mandalas können auf eine Wand oder auf Seide aufgemalt sein, oder auch mit sehr feinem, farbigem Sand oder Pulver auf den Boden aufgestreut werden. Diese speziellen Sand-Mandalas wurden zu rituellen Anlässen gefertigt und anschließend zerstört und der Natur wieder übergeben.

Anwendung:
· Als Wandbild, um die kosmische Kraft wirken zu lassen.
· Als Bodenmosaik im Eingangs- oder Vorplatzbereich, um kosmische Energie aufzubauen und in die Wohnung einströmen zu lassen.
· Als Bodenmosaik im Hauszentrum, um Ruhe und Stabilität zu erzeugen.

Ba Gua-Bereich:
· Wissen
· Karriere
· Zentrum

Affirmation:
Das Leben ist reich; es schenkt mir Fülle und führt mich letztlich zur Einsicht und Weisheit.

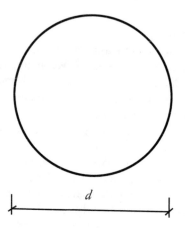

Bei runden Formen wird der Durchmesser (d) gemessen

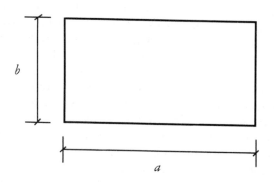

Quadratische und rechteckige Formen werden in der Länge (a)
und Breite (b) gemessen

Maße

So wie jede Farbe und jede Form eine bestimmte Schwingung besitzt, so schwingt jeder Gegenstand entsprechend seiner Abmessung. Je nachdem, wie die Proportionen eines Gegenstandes gewählt wurden, schwingt dieser für uns günstig oder ungünstig. Oft sagt uns schon der erste Blick auf einen Gegenstand, ob dieser „harmonisch" gebaut wurde oder nicht, denn die Empfindung oder das Gefühl zur harmonischen Größe ist in uns allen vorhanden.

Entstanden ist das chinesische Maßsystem in der Sung-Dynastie (960-1279 v. Chr.). Ein Zimmermann des kaiserlichen Palastes fertigte seine Arbeiten für die königliche Familie entsprechend diesen Regeln an, die bis in unsere heutige Zeit ihre Gültigkeit haben und von vielen Feng Shui-Meistern in China und Hongkong verwendet werden, um unter anderem Büroräume, Möbel und Schreibtische danach zu entwerfen.

Als praktisches Werkzeug dient ein „Ting Lan", ein Lineal oder Maßband, auf dem die günstigen oder die zu vermeidenden Maße aufgezeichnet sind. Die Maßeinheit dieses Lineals ist einzigartig. Die Länge ist 1 Chih (1 Feng Shui-Fuß), oder 42,96 cm, was der Diagonalen eines Quadrates entspricht, dessen Seitenlänge 1 chinesischer Fuß (ca. 30,3 cm) beträgt. Dieser Feng Shui-Fuß wird, entsprechend dem I Ging oder den 8 Trigrammen in 8 gleiche Abschnitte aufgeteilt, wobei jeder Abschnitt (1 Tsun) eine Länge von ca. 5,4 cm inne hat. Nach dem achten Abschnitt wiederholt sich der ganze Zyklus, so daß wir die 8 Abschnitte auf alle Maßlängen übertragen können.

In China wird sehr großer Wert auf die Abmessungen eines Gegenstandes gelegt. Daher ist es auch kein Zufall, daß die Aktentasche der Chinesen genau dem Maß im Feng Shui entspricht, was für Erfolg, Glück und Gedeihen steht, denn es soll sichergestellt sein, daß der Inhalt der Aktentasche von diesen Aspekten umgeben ist.

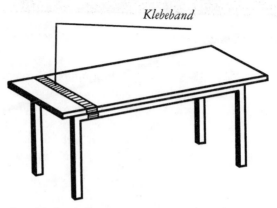

Bei ungünstigen Maßen läßt sich ein Tisch mit Klebeband – auch unter der Tischplatte – in harmonische Segmente unterteilen

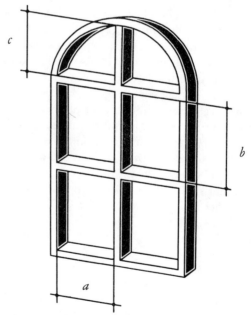

Bei Sprossenfenstern mißt man die lichte Weite der Sprossen (die Öffnung).

Abschnitt	Maße in cm	Bereich	Bedeutung
1	0,00 – 5,37	Ts'ai	glückliches Maß
2	5,38 – 10,74	Ping	Krankheit
3	10,75 – 16,11	Li	Trennung
4	16,12 – 21,48	I	Glück durch helfende Menschen
5	21,49 – 26,85	Kuan	Kraft
6	26,86 – 32,22	Chien	Unglück
7	32,23 – 37,59	Hai	Schaden
8	37,60 – 42,96	Pen	Kapital

chinesische Glücksmünze

Münzen

Seit dem 7. Jahrhundert v. Chr. sind in China Metallmünzen bekannt. Wie in unserer und vielen anderen Kulturen gelten sie auch in China als besondere Glücksbringer. Die antiken chinesischen Münzen haben in der Mitte ein quadratisches Loch, das die empfangende Energie (Yin) der Erde darstellt. Die runde Gesamtform entspricht der himmlischen, schöpferischen Kraft (Yang).

Spezielle Glücksmünzen wurden mit verschiedenen Symbolen und Schriftzeichen versehen, die deren Verwendung näher beschrieben. So versinnbildlicht eine Fledermaus auf der Münze „das Glück ist vor deinen Augen". Neun Münzen an einer Schnur aufgereiht gelten als „ununterbrochenes Glück". Diese Glücksmünzen wurden unter anderem auch als Schutzamulett oder Glücksbringer getragen. Bei einer Hochzeitsfeier wurde das Brautpaar mit Geld beworfen, das die Braut mit ihrem Rock aufzufangen hatte. Dieses „Brautgeld" wurde mit den Schriftzeichen „Langes Leben", „Reichtum", „Große Ehre" oder „Mögt ihr in Eintracht alt werden" geprägt.

Im Feng Shui werden die Münzen ebenfalls als Glücksbringer oder Schutzsymbole eingesetzt. Mehrere Münzen (drei, fünf, sieben oder neun) werden auf zwei rote (die → *Farbe* der Freude) Seidenbänder aufgereiht. Die Bänder werden durch die quadratischen Löcher durchgezogen und verknotet. Diese „Glücksschnüre" werden dann z.B. über den Hauseingang gehängt, um das Glück anzuziehen und Übel abzuwehren.

Anwendung:

· Als größere Einzelmünze in einer Glasschale, mit rotem oder blauem Samt dekoriert
· 8 Münzen an einer roten Schnur aufgereiht, über oder neben der Kasse aufgehängt
· 5 Münzen als „Glücksschnur" außerhalb über der Eingangstür waagrecht oder senkrecht angebracht

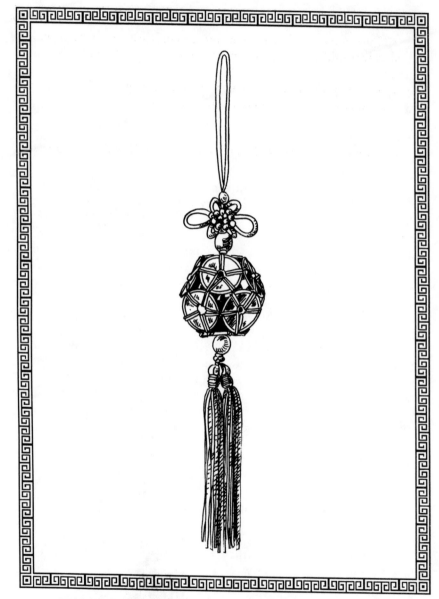

„Wohlstandskugel" aus mehreren mit rotem Faden verknüpften Münzen

- 3 Münzen in einem quadratischen roten Umschlag unter eine kräftig wachsende Pflanze gelegt – um symbolisch das Geld wachsen zu lassen
- 4 Münzen in einem quadratischen roten Umschlag an jedes Bettbein unsichtbar angebracht, um das Glück zu stabilisieren

Ba Gua-Bereich:
- Reichtum, innerhalb eines Raumes oder auf dem Schreibtisch oder der Verkaufstheke

Affirmation:
Geld ist Energie, und ich lasse sie fließen im Ausgleich von Geben und Nehmen

Liebe und Schönheit

Orchidee

Vor mehr als zweitausend Jahren beschrieb der Dichter Chu Yuen zum ersten Male den tugendhaften Charakter der Orchidee, deren zierliche Haltung er mit einer anmutigen Dame verglich. Im allgemeinen stellt diese Blume Liebe und Schönheit dar. In China wurde der Duft der Orchidee mit dem Atem einer schönen Frau verglichen. Alleine auf einem Bild abgebildet bedeutet sie Reinheit, Tugend und Unschuld.

Orchideen in der → *Vase* können auch „Eintracht" bedeuten, an einer Stelle im I Ging (Buch der Wandlungen) heißt es: „Wenn zwei Menschen einträchtig sind, so bricht ihre Schärfe, denn Worte der Eintracht duften wie Orchideen".

Anwendung:
· Als Geschenk in Form einer Topfpflanze oder für die Vase nach Streitigkeiten
· Als Bild einer chinesischen Malerei (siehe Abb.)

Ba Gua-Bereich:
· Partnerschaft

Affirmation:
In Liebe und Eintracht gehen wir gemeinsam unseren Weg

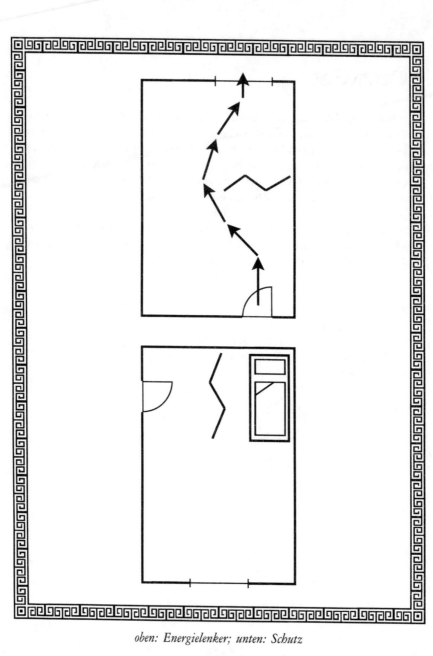

oben: Energielenker; unten: Schutz

Paravent

Wandschirme oder sogenannte „Spanische Wände" werden im Feng Shui dafür eingesetzt, um den Chi-Fluß zu lenken oder einzelne Bereiche zu schützen oder abzuschirmen. Dabei ist die jeweilige Konstruktion des Paravents auf die entsprechende Situation abzustimmen. Bei massiven Einflüssen sollte auch ein massiver Paravent, z.B. aus Holz, verwendet werden. Die Aufstellung erfolgt immer quer zur Energielinie oder zum Sha-Pfeil.

Als Raumteiler eingesetzt trennt der Paravent in einem Mehrfunktionsraum den Schlafbereich vom Wohnbereich ab und schafft eine beruhigte Zone, die damit vor unliebsamem (nicht gewolltem) Einblick geschützt wird.

Anwendung:
· Um die direkte Energielinie von Eingangstür und Hintertür zu brechen
· Um in kleineren Räumen (Kinderzimmer) den Schlafbereich gegenüber der Tür abzuschirmen
· Als Raumteiler für Wohn- und Schlafbereich

Affirmation:
Ich fühle mich geborgen und geschützt

Schönheit und Jugend

Pfirsich

Der Pfirsich, auch persischer Apfel genannt, wurde im 1. Jh. n. Chr. aus dem Orient eingeführt und ist in China das stärkste Symbol für Unsterblichkeit und Langlebigkeit.

Die Pfirsichblüte ihrerseits ist Sinnbild frischer, junger Mädchen oder auch leichtfertiger, leicht verführbarer Frauen. Mit der Umschreibung „Pfirsichblüten-Irrsinn" meint man die verwirrten Gefühle in der Pubertät.

Das Holz des Pfirsichbaumes konnte Dämonen bannen und zu Neujahr stellte man Pfirsichzweige vor die Haustür, um böse Geister zu vertreiben. Das Pfirsichbaumholz benutzte man, um daraus Bogenwaffen herzustellen, um damit Dämonen abzuschießen. Außerdem wurden aus ihm die göttlichen Torhüter geschnitzt, die dann zum Schutz vor schlechten Einflüssen vor das Tor gestellt wurden.

Einer der wichtigsten → *Hausgötter*, „Sau", hält einen Pfirsich in der Hand als Sinnbild der Unsterblichkeit.

Anwendung:
· Dekorativ in einer Obstschale arrangiert und in der Küche oder am Eßtisch aufgestellt.
· Als chinesische Malerei (siehe Abb.)

Ba Gua-Bereich:
· Eltern (Gesundheit)

Affirmation:
Gesundheit und Wohlsein sollen in diesem Hause sein.

Pflanzen

Der Bereich der Pflanzen umfaßt ein breites Spektrum. So kennen wir Bäume, Sträucher, Stauden und Blumen. Eingesetzt werden Pflanzen sowohl im Außenbereich, in der Gartengestaltung, als auch zur Dekoration der Innenräume. Ihre vielseitige Anwendung ist unbegrenzt. Wir möchten hier die wichtigsten Hinweise und Verwendungen aufführen.

Die Pflanze als Lebewesen und Energiespender

Pflanzen haben ein eigenes energetisches Feld, das je nach Art und Wachstum unterschiedlich ist. Viele Menschen kommunizieren mit ihnen, fühlen sich in ihrer Nähe angeregt oder geborgen, umschmeichelt oder fasziniert. Dieser Austausch auf feinstofflicher Ebene wurde mittlerweile durch viele wissenschaftliche Untersuchungen bestätigt und zeigt uns, wie sehr uns Pflanzen physisch und psychisch beeinflussen.

Gesunde und kräftige Pflanzen sorgen für einen großen Energieaustausch und beleben den Bereich, in dem sie sich befinden. So können wir ihre Vitalität und Stärke dazu nutzen, um z.B. Räume mit ausreichend viel Chi (Lebenskraft) zu versorgen.

Pflanzen als Luftfilter und -befeuchter

Durch den Stoffwechsel der Pflanze und den damit verbundenen Luftaustausch ist es möglich, die toxische Luft in Räumlichkeiten, die durch verwendete Materialien wie Farben, Putzmittel oder Arbeitsgeräte entstanden ist, teilweise wieder zu reinigen. Somit erhält die Raumluft eine für den Menschen bessere und verträglichere Qualität, was sich in einem verbesserten allgemeinen Wohlbefinden ausdrückt.

→ *Chrysanthemen*, Gerbera, Schwertfarn und Birkenfeigen absorbieren sehr effektiv das Gift Formaldehyd, wohingegen das beliebte Einblatt besonders gut von Aceton, Benzol und Trichlorethylen reinigt.

Durch die Transpiration der Blätter wird die Raumluft zusätzlich mit Feuchtigkeit angereichert, was ein ausgeglichenes Raumklima zur Folge hat.

Pflanzen als Schutz

Durch die gezielte Plazierung einzelner oder mehrerer Pflanzen können wir regelrecht eine Art Schutzschild erzeugen. Sei es, um die Rückseite des Hauses (→ *Schildkröte*) zu stärken oder Mauerkanten innerhalb oder außerhalb des Hauses zu neutralisieren. Dabei sollte bei der Pflanzenwahl darauf geachtet werden, keine spitzblättrigen Pflanzen, wie z.B. die Yucca-Palme zu wählen, da diese Pflanze selbst über ihre Blattform „Giftpfeile" aussendet. Günstiger sind Efeu, Bambus oder Philodendronarten.

Pflanzen den Elementen zuordnen

Die Vielfalt der Arten und ihre jahreszeitlich wechselnde Erscheinung macht es teilweise schwierig, Pflanzen eindeutig einem bestimmten → *Element* zuzuordnen. Hier greift die Wandlung, die Veränderung der Natur. So kann eine Pflanze über das Jahr hinweg mehreren Elementen zugeordnet werden. Dennoch gibt es Grundformen, die einem bestimmten Element entsprechen.

Holz: Säulenartig oder hochstrebend wachsende Pflanzen, Kletterpflanzen

Feuer: Spitz nach oben zulaufende Arten oder/und mit spitzen Blättern oder Stacheln

Erde: Flach und breitwüchsige Arten, Bodendecker, oder Pflanzen, deren Blätter und/oder Äste zur Erde zeigen

Metall: Kugelige, runde oder halbrunde Wuchsformen, sei es natürlich oder durch Zuschnitt

Wasser: Unregelmäßig wachsende Pflanzen und Arten mit stark gewellten Blättern

Standort und Pflege

Jede Pflanze oder Baum, sei es im Garten oder im Raum, benötigt einen speziellen Platz und besondere Pflege, um gesund und kräftig gedeihen zu können. Nur so können die Pflanzen ihre volle Schönheit und Kraft, und somit ihre unterstützende Wirkung auf uns Menschen entfalten. Deshalb sollte beim Kauf der einzelnen Pflanzen auf die Pflegeanleitung geachtet werden oder der Rat eines Fachmannes eingeholt werden.

Symbolgehalt der Pflanzen

Mit jeder Pflanze, besonders älteren und einheimischen Arten, verbinden wir eine Empfindung, einen Eindruck, eine Bedeutung. So können wir über die Verwendung der ausgesuchten Pflanze unseren ganz persönlichen Bedürfnissen Ausdruck verleihen.

Allgemein gelten spitzblättrige Pflanzen wie Yucca- Palme, Aloe, Agave oder Bogenhanf als ungünstig, da diese Pflanzen durch die Form der Blätter abwehrende und „faß mich nicht an"-Energien auslösen und/ oder zum Ausdruck bringen. Deshalb ist zu empfehlen, diese Pflanzen nicht im Schlafbereich und innerhalb von Wohnbereichen möglichst weit entfernt von Sitzplätzen aufzustellen.

Bonsai:
Die aus Japan stammende Kunst, Pflanzen oder Bäume durch Zuschnitt im Wachstum zu hindern, können wir von zwei Seiten betrachten. Zum einen von der eher ungünstigen Seite, da durch diesen Vorgang das Chi der Pflanze in seiner Kraft und Vitalität stark gemindert scheint. Zum anderen der Umstand, daß sich die Pflanze trotz starker Widerstände und Eingriffe in ihrem vorgegebenen Plan arttypisch entwickelt.

Efeu:
Wegen seines Festhaltens und Anschmiegens der Ranken verbindet er uns mit Freundschaft und ist Ausdruck von Beständigkeit und Ausdauer.

Forsythie:
Einer der ersten blühenden Sträucher im Frühling zeigt uns Lebenskraft, Optimismus und Freude.

Fuchsie:
Ihre roten Blüten wirken wie kleine leuchtende Laternen, die uns kräftigendes Yang vermitteln. Deshalb werden sie gerne als Glückssymbol verwendet.

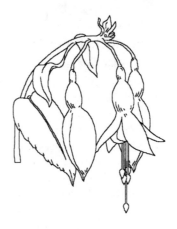

Geldbaum:
Die symbolstärkste Zimmerpflanze für Reichtum und Wohlstand. Ihre runden und fleischigen Blätter erinnern an Münzen. Sie blüht erst nach ca. 10 Jahren und das nur bei bester Pflege, doch dann soll der Geldsegen unbegrenzt fließen. Auch der Geldbaum verbindet uns mit der Energie von Ausdauer und Beständigkeit.

Hibiskus:
Seine überaus üppigen Blüten verbinden uns mit Fülle, Ruhm und Reichtum.

Kakteen:

Um zu überleben, müssen sich Kakteen durch ihre Stacheln oder Dornen vor unliebsamen, „lebensgefährdenden" Besuchern schützen. Sie zeigen damit Grenzen auf, und genau deshalb erinnern sie uns an die lebenswichtige Energie, „Nein" sagen und sich abgrenzen zu können. Ihre kräftigen, phantasievollen Blüten zeigen uns außerdem, welche Kraft und Schönheit im Unscheinbaren und Einfachen steckt.

Magnolie:

Ein Magnolienbaum im Vorgarten symbolisiert in China Zufriedenheit und Glück. Steht er allerdings hinter dem Haus, so verweist er auf „versteckte Juwelen" oder die stetige Anhäufung großen Vermögens.

Narzisse:

Wird in China als „Die Wasserunsterbliche" bezeichnet, und zum Neujahr zur Blüte gebracht. Sie ist ein Symbol für Glück im Neuen Jahr.

Zypresse:

Eine immergrüne Pflanze, die auch bei uns häufig als Grab-
bepflanzung zu finden ist. Da sie sehr alt werden und aufrecht wachsen, versinnbildlichen sie langes Leben und Erhabenheit

*Die Pflaumenblütenschlinge – Sinnbild der fünf Bütenblätter der Pflaume
und der fünf Glücksgötter*

Pflaume

„Im Mauerwinkel ein paar Pflaumenblütenzweige. Dem Frost trotzend blühen
sie still für sich. In der Ferne schon sieht man, daß es kein Schnee sein kann.
Von irgendwoher kommt süßer Duft."
(Wang An-shih, 11. Jh).

Dieses Gedicht umschreibt die Pflaumenblüte, das in Ostasien beliebte Symbol für die frühe Jugend eines Mädchens. Noch ehe sich die Blätter am Pflaumenbaum entfaltet haben, zeigt sich die feine und zarte Blüte.

In China steht die fünfblättrige Pflaumenblüte für die fünf Glücksgötter (Wu-fu). Zusammen mit → *Kiefer* und → *Bambus* bildet die Pflaume „Die drei Freunde" der kalten Jahreszeit, denn alle drei sterben nicht, sondern sind beständig und blühen schon, bevor der Frühling beginnt.

Die Pflaumenblüte findet in verschiedenen Bereichen als Symbol Anwendung: So erfand der Philosoph Shao Yung (1011-1077) beispielsweise ein Orakel mit dem Namen „Pflaumenblüte", das eine bestimmte Methode zur Berechnung des menschlichen Schicksals zum Inhalt hat.

Ein blühender Pflaumenzweig, mit anderen Frühlingsboten in einer einfachen Schale arrangiert, vermittelt eine zarte und erwachende Stimmung.

Anwendung:
- Pflaumenblütenzweig: Als Frühlingsbote zur Tischdekoration
- Pflaumenblütenschlinge: Als Wandornament, um das Glück einzuladen (siehe Abb.)

Affirmation:
- Ich öffne mich für die erwachende Energie des Frühlings

Freiheit und Lebensfreude

Phönix

Die Symbolik des chinesischen Phönix (feng-huang) darf nicht mit der in der westlichen Welt bekannten verwechselt werden. Er steht nicht in Zusammenhang mit der Auferstehung aus der reinigenden Flamme, sondern gilt ursprünglich als Gottheit des Windes, was unter anderem auf das Schriftzeichen „feng" –Wind – zurückzuführen ist.

Sein Körper stellt die 5 menschlichen Qualitäten dar: der Kopf die Tugend, die Flügel die Pflichten, der Rücken das richtige Verhalten, die Brust die Menschlichkeit und der Bauch die Zuverlässigkeit.

Einige Texte sprechen von einem zinnoberroten Phönix, der in einer Zinnoberhöhle des Südpols geboren und Phönix des Zinnoberberges genannt wurde. Hieraus entstand vermutlich die im Feng Shui gebräuchliche Bezeichnung des „roten Phönix" oder „roten Vogels".

Darstellungen von → *Drache* und Phönix verkörpern die männliche (Yang) und weibliche (Yin) Natur und sind Symbol des Ehepaares.

Als eines der → vier *Himmlischen Tiere* im Feng Shui steht der Phönix für die Richtung Süden – die Richtung der stärksten Yang-Energie – den Tag und den Sommer, Stärke und Aktivität.

Der „rote Phönix" ist außerdem im Feng Shui Sinnbild der Freiheit, der Sonne, der Anerkennung und des Ruhmes. Er weckt die Gefühle von Freude und Zuversicht.

So, wie der Phönix alles aus der Luft betrachten kann und frei fliegt, so sollte die Vorderseite (Hauptausrichtung des Hauses) offen und frei gestaltet sein, damit die kräftige Yang-Energie einströmen kann und das Haus versorgt. Sehr vorteilhaft würde sich hier ein ruhig fließender Bach auswirken.

Anwendung:

· In der Raumgestaltung ist darauf zu achten, daß die Vorderseite des Raumes offen und frei zugänglich ist, so daß keine Blockaden im Weg stehen.

· Bei der Gartengestaltung ist es günstig, wenn die Vorderseite flach oder mit einer sehr niedrigen Bepflanzung ausgestattet wird. Hier kann sich unter anderem auch der Gartenteich befinden

Räuchern

Seit Urzeiten hat der Mensch im Zusammenhang mit reinigenden und rituell-religiösen Zeremonien „Weih-Rauch" in Form von Rinden, Harzen, Wurzeln, Blättern oder Blüten verbrannt. Den Göttern, die man sich im Himmel lebend vorstellte, wurde edelstes Räucherwerk geopfert. Aus den großen Räucherbecken stieg der Rauch in dicken Schwaden langsam zum Himmel empor, bis er schließlich die Schwelle der sichtbaren Welt überschritt, um im Jenseits Gnade und Wohlwollen für die verschiedensten Anliegen zu erbitten. Seit jeher war dieser duftende Rauch, der sich so schnell wieder verflüchtigt, ein faszinierendes Symbol für Leben, Tod und Transzendenz.

In China wurde Räucherwerk im Ahnenkult, zur ästhetischen Wohnraum- und Kleiderbeduftung, zur Verbindung mit den Göttern und zum Vertreiben von bösen Dämonen verwendet. Um beispielsweise die geeignete Stimmung für eine Orakelbefragung mit dem I-Ging zu schaffen und damit die göttliche Weisheit oder den reinen Atem der Götter anzurufen, war ein Räucherritual unerläßlich.

In Japan war der Koh-do (= Weg des Räucherns), der meist unter der Leitung von Zen-Mönchen zelebriert wurde, entstanden. Die verschiedenen Herrscherfamilien veranstalteten regelrechte „Räucherfeste" und, je nach Schule, wurden dabei unterschiedliche Regeln und Rezepte bevorzugt. Japanische Räucherstäbchen und Räuchermischungen sind von feinster Ausgewogenheit und Harmonie und ein außergewöhnlicher Genuß für die anspruchsvolle Nase.

In jüngster Zeit schuf die Aromatherapie für den „Duft" mit seinem Einfluß auf unsere Seele wieder eine Stellung in unserem Alltag, und durch Feng Shui erhält die Räucherung zur energetischen Reinigung unserer Räume wieder eine neue Bedeutung. Vor allem energetisch stark belastete Räume, z.B. Krankenzimmer, Aufenthaltsorte von vielen Menschen, Meditations- und Therapiezimmer, sollten täglich ausgeräuchert werden.

Der spezielle Fachhandel (Duft-, China- oder Esoterikläden) bieten ein umfangreiches Angebot an Räucherwerk. Zur Grundausrüstung gehören eine feuerfeste Räucherschale, Räucherkohle, eventuell Sand sowie die entsprechende Räuchermischung. Wird die starkriechende Kohle nicht vertragen oder erwünscht, so kann auch ein Stövchen mit einem entsprechenden Drahtaufsatz verwendet werden, bei dem ein Teelicht für die Hitze sorgt und das Räucherwerk langsam verbrennt.

Anwendung:

· Vor dem Einzug in eine neue/andere Wohnung oder Haus
· Nach Krankheit oder Streit
· Je nach eigenem Empfinden oder als regelmäßiges Ritual
· Täglich, als Unterstützung zur Meditation oder zur Entspannung

Affirmation:

Ich reinige meine Umgebung von allem was nicht der Harmonie entspricht und übergebe es der Wandlung des Lichtes
Ich löse die Vergangenheit auf und lebe friedlich und freudig im Jetzt
Ich entspanne und lasse das Leben mit Leichtigkeit durch mich fließen

Schutz und langes Leben

Schildkröte

In vielen Kulturen gilt die Schildkröte als ein Symbol der Ruhe, Geborgenheit, des Schutzes und des Rückzugs. Im altchinesischen Weltbild trug die riesenhafte Schildkröte „Ao" die Erde auf ihrem Rücken. Wegen dieser kosmischen Zusammenhänge und der auffälligen Zeichen auf dem Panzer wurde Schildpatt schon sehr früh als Orakel verwendet.

In zahlreichen Legenden wird die Schildkröte als Held dargestellt. So half sie dem ersten Kaiser, den gelben Fluß zu bändigen, damit das Land fruchtbar wurde. Wegen ihrer Langlebigkeit verkörpert die Schildkröte „langes Leben" und mit ihrer sprichwörtlichen Unverwundbarkeit gilt sie als Sinnbild für die unverrückbare Ordnung.

Als eines der → vier *Himmlischen Tiere* im Feng Shui repräsentiert die Schildkröte den Norden – die Richtung der stärksten Yin-Energie – die Nacht und als Jahreszeit den Winter sowie die Ruhe und die Regeneration.

Im Feng Shui, als „schwarze Schildkröte" bekannt, steht sie für Schutz, Geborgenheit und Rückendeckung. Für ein einzeln stehendes Haus bedeutet dies, daß ein ausreichender Schutz in Form eines Berges, eines Hügels, eines Waldes oder eines höheren Hauses auf dessen Rückseite vorhanden sein sollte.

Innerhalb der Räumlichkeiten gilt diese Schutzanordnung für Sitz- und Schlafpositionen. Der Kopf oder der Rücken einer Person sollte durch eine Wand, eine Pflanze oder einen Raumteiler ausreichend Schutz erhalten, um so einen Ausdruck von Ruhe und Geborgenheit zu erreichen.

Anwendung:

· Das Bett sollte mit dem Kopfteil immer an einer stabilen Wand stehen.
· Der Schreibtisch ist so im Raum aufzustellen, daß sich entweder im Rücken eine Wand befindet oder der Rücken durch Möbel oder Pflanzen gestützt wird
· Die Rückseite des Hauses sollte einen ausreichenden Schutz besitzen. Ist dieser nicht vorhanden, so kann er mit einer Mauer, Hecke oder mit Sträuchern hergestellt werden
· An gut sichtbarer Stelle (Briefbeschwerer, im Eingangsbereich) als Figur, da sie langes Leben, Ordnung, Schutz und Glück versinnbildlicht

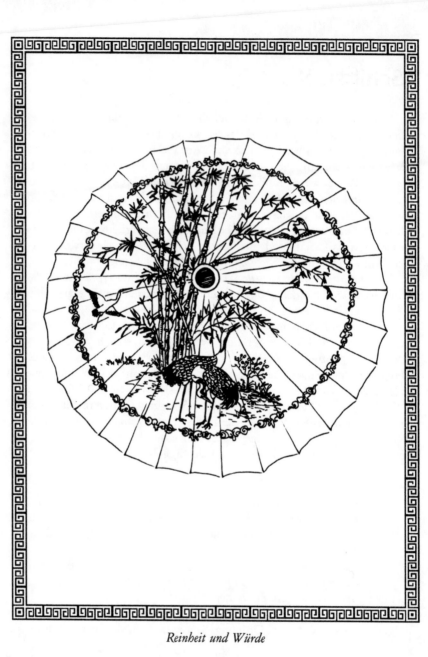

Reinheit und Würde

Schirm

In China ist der zusammenklappbare Schirm schon über 2000 Jahre bekannt. Mit „Schirm" ist hier nicht der im Westen gebräuchliche Regen- oder Sonnenschirm gemeint, sondern vielmehr eines der acht buddhistischen Symbole. Er gilt als Zeichen der Würde und versinnbildlicht die Reinheit und Würde eines Beamten. Oft finden wir die bildliche Darstellung, daß über einen „Würdenträger" ein Schirm gehalten wird.

Der Schirm wurde auch bei Hochzeiten eingesetzt, um den Bräutigam zu bedecken, oder er wurde über dem Kindbett aufgehängt, um die bösen Geister von Mutter und Kind fernzuhalten.

Bekannt ist auch der Begriff „Schirmherr" oder „beschirmt", was immer die Gedankenverbindung zu Schutz, Unterstützung und Hilfe hervorruft.

Die verschiedenartigen Schirme sind oft sehr kunstvoll, farbig bemalt und eignen sich vor allem zur Dekoration.

Anwendung:

· Je nach Motiv in die entsprechende Ecke gehängt, um den Bereich zu aktivieren. Die Aufhängung ist so zu wählen, daß die jeweils bemalte oder beschriftete Seite (innen oder außen) sichtbar ist.

Ba Gua-Bereich:

· Alle Bereiche

Unendlichkeit

Sonnenrad

Das Sonnenrad (auch: Hakenkreuz) besteht aus zwei über Kreuz liegenden Stäben, deren Enden nach links bzw. nach rechts gebogen sind. Es ist wie das einfache christliche Kreuz ursprünglich ein Symbol der Wiederkehr. Es symbolisiert die Sonne und den Kosmos; alles Leben ist Wärme, Feuer, Verbrennung und Drehung.

Die Rechtsdrehung (Abb. oben links) bedeutet das aufsteigende Leben (Yang), die Linksdrehung (Abb. oben rechts) das absteigende Leben (Yin). Steht das Sonnenrad in einem Kreis, so zeigt es die Wiederkehr des Lebens im Ringe des Geschehens.

Das Sonnenrad ist ein uraltes, seit vielen tausend Jahren verwendetes Symbol des Lebens, ein schützendes Heilzeichen, geboren aus der Erkenntnis vom göttlichen Ursprung des Lebens.

In China bedeutet das Sonnenrad Unendlichkeit. Hier finden wir es in vielen Formen als Ornament, sei es auf Kleidungsstücken oder als Wanddekoration. So deuten 5 Hakenkreise, 5 Fledermäuse und das Zeichen für Langlebigkeit auf ein „Fünffach gesteigertes Glück und langes Leben" hin (siehe Abb. links unten).

Im Buddhismus ist das rechtsdrehende Sonnenrad „das Siegel von Buddhas Herz" und daher oft auf der Brust von Buddhastatuen sichtbar.

Anwendung:
· In Verbindung mit anderen Symbolen als Wandornament, um die Kraft des Lebens im Raum wirken zu lassen.

Ba Gua-Bereich:
· Eltern

145

Spiegel

Der alte Volksglaube in China besagt, daß ein Spiegel die Geister sichtbar macht. Noch heute gibt es sogenannte Zauberspiegel (magische Spiegel), auf deren Rückseite mystische Symbole erscheinen, wenn sie in einem bestimmten Winkel betrachtet werden. Buddhistische Mönche setzen den Zauberspiegel ein, um Gläubigen zu zeigen, in welcher Gestalt sie wiedergeboren werden, und auch in unserer Kultur symbolisierte ein Spiegel Eheglück und, war er zerbrochen, Trennung und Scheidung.

Waren die Spiegel früher aus poliertem Messing oder Silber, so finden heute fast ausschließlich Glasspiegel Verwendung. Dabei ist jedoch zu beachten – wie dies bei allen Hilfsmitteln der Fall ist – daß auch der Spiegel seine „Kehrseite" besitzt. So kann ein ungünstig plazierter Spiegel durchaus schädliches Chi anziehen oder ein zu groß gewählter Spiegel positives Chi wieder zurückwerfen.

Das Hauptanwendungsgebiet eines Spiegels liegt in der Beeinflussung des Chi-Flusses. Da er das Chi reflektiert, kann es durch die gezielte Ausrichtung des Spiegels in die unbelebten Ecken eines Raumes geleitet werden, um diese zu aktivieren. Ganz gleich wo ein Spiegel hängt oder wie er ausgerichtet ist, in jedem Fall beeinflußt, lenkt oder verstärkt er den Chi-Fluß. Daher sollte in einem Schlafzimmer auf einen Spiegel möglichst verzichtet werden, um hier eine ruhige Atmosphäre zu erhalten.

Da die Einsatzmöglichkeiten des Spiegels sehr vielfältig sind, haben wir eine Aufteilung nach der gewünschten Wirkungsweise vorgenommen:

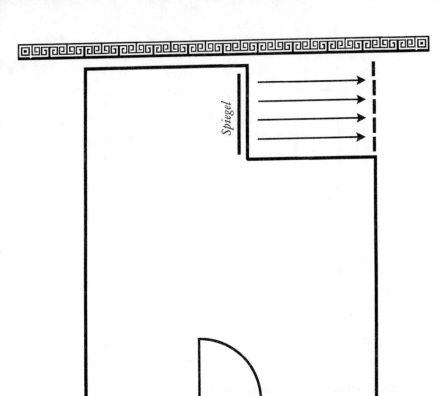

Spiegel

1. Ausgleich von Fehlbereichen

Durch die moderne und verwinkelte Bauweise entstehen häufig Fehlbereiche, die die Harmonie der Bewohner beeinträchtigen. Mit einem Spiegel haben wir die Möglichkeit, Räume zu öffnen bzw. zu vergrößern. Im Feng Shui wird dieser Effekt dazu genutzt, um Fehlbereiche auszugleichen.

Bei einem L-förmigen Raum ist dabei ein größerer Spiegel auf die Wand zum Fehlbereich zu montieren. Durch die „Tiefenwirkung" wird nun die Wand symbolisch aufgelöst und der Fehlbereich ist zugänglich.

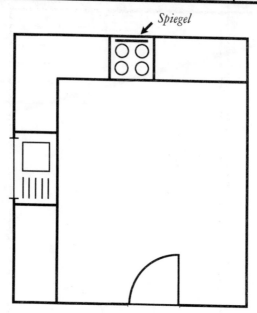

Spiegel

2. Als Rückspiegel (zur Kontrolle)

Falls jemand mit dem Rücken zur Tür oder zum Raum am Schreibtisch sitzt oder beim Kochen mit dem Rücken zur Tür steht, so reagiert das Unterbewußtsein mit dem Gefühl „ich bin ungeschützt" und empfindet diesen Platz als unangenehm. Dies hat häufig zur Folge, daß die Konzentrationsfähigkeit bei der Arbeit oder beim Studium stark nachläßt oder das Essen nicht immer gelingen mag.

Sollte ein Umstellen der Möbel nicht möglich sein, und zwar so, daß der-/diejenige die Tür im Blick hat und der Rücken geschützt ist (→ *Schildkröte*), dann schafft ein kleiner „Rückspiegel" am Schreibtisch oder über dem Herd Abhilfe. Ähnlich wie beim Auto verleiht er mehr Übersicht und Kontrolle. Die Auswahl des richtigen „Rückspiegels" kann ganz individuell vorgenommen werden. Briefbeschwerer mit einer glänzenden Oberfläche oder ein Standbild mit reflektierendem Bilderrahmen wären eine eher unauffällige Lösung zur Kontrolle z.B. für den Schreibtisch.

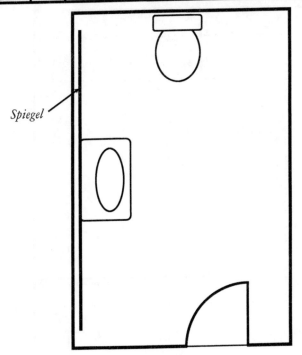

Spiegel

3. Vergrößerung von Räumen

Kleine Bäder oder Toiletten stellen oft ein Problem dar, und das verstärkt, wenn darin kein Fenster ist und dadurch der Energiefluß stagniert. Wird eine Wand mit einem großen Spiegel versehen, so erscheint dieser Raum doppelt so groß und wirkt offen und frei. Der Chi-Fluß wird angeregt und der Raum belebt und zugänglich.

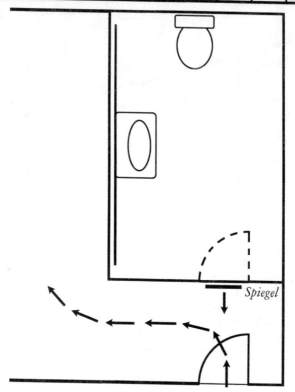

Spiegel

4. Versiegeln einer Tür

Oft befinden sich Nebenräume wie Bad, Toilette oder Abstellraum unmittelbar neben oder gegenüber der Eingangstür. Diese Situation bewirkt, daß es hier zu starken Energieverlusten kommen kann und die Wohnung oder das Haus energetisch unterversorgt ist. Als Schutz dienen kleine Spiegel, die in Blickhöhe von außen auf die Tür angebracht werden, um den Chi-Fluß zu lenken, bzw. davon abzuhalten, über die Tür zu entweichen. Neben dem klassischen Spiegel sind auch glänzende Türschilder oder goldene Sonnenspiegel als Schutzsymbol geeignet.

5. Ausgleich von versetzten Türöffnungen

Versetzt gegenüberliegende Türen gelten im Feng Shui als ungünstig, da sie sich gegenseitig „spalten". Abhilfe bringen hier zwei schmale Spiegel, die jeweils seitlich an der Tür montiert werden, um die Spannung auszugleichen und den Chi-Fluß zu lenken.

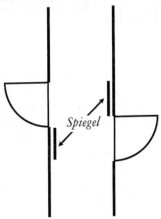

Spiegel

6. Verdoppelung

Spiegel reflektieren alles in ihrer Umgebung, das kommt einer Verdoppelung gleich. Dieser Effekt wird genutzt, um mehr Fülle und Wohlstand zu bewirken.

In der Küche versinnbildlicht der Herd die Finanzen des Haushalts. Spiegel hinter oder neben dem Herd angebracht, sollen den Wohlstand verdoppeln. Diese Spiegel können gleichzeitig als Rückspiegel genutzt werden, falls man mit dem Rücken zur Tür steht.

In der Geschäftswelt ist es üblich, neben, hinter oder in der Kasse einen Spiegel anzubringen, um so anzudeuten, daß jeder Geldschein, der in die Kasse kommt oder sich darin befindet, verdoppelt wird.

Wichtig:
· Die regelmäßige Reinigung der Spiegel ist notwendig, damit sie nur „reine" Energie spiegeln.
· Keine Spiegel im Schlafbereich, um die Nachtruhe nicht zu stören.
· Ankleidespiegel sollten nicht unterteilt sein, damit das eigene Spiegelbild nicht geteilt wird. Gleiches gilt auch für den Badspiegel.
· Die Größe der Spiegel ist nach der jeweiligen Situation zu bestimmen

Steine

Der Stein ist wie der → *Berg* ein Symbol für Langlebigkeit. Es gab in verschiedenen Orten Chinas einen Steinkult, bei dem die Steine um Regen angefleht wurden. An Straßenecken oder vor Gebäuden aufgestellte Steine sollten Dämonen verscheuchen, und steinerne Löwen stellte man aus demselben Grund vor Amts- und Regierungsgebäuden auf.

Im Feng Shui werden Steine dem → *Element* Erde zugeordnet, wobei schroffe Steine Yang- und abgerundete, glatte Steine Yin-Dynamik verkörpern. Sie stehen damit für Ruhe, Stabilität und Sicherheit. Größere Steine oder Felsen dienen in der Form eines Hügels oder Berges hinter dem Haus als Rückendeckung und symbolisieren die → *Schildkröte*. Dadurch erhält das Haus einen stabilen und soliden Charakter, was Erfolg verspricht. Dabei ist jedoch darauf zu achten, daß die Steine nicht bedrohlich wirken und in ihnen keine bösen Gesichter oder Fratzen zu erkennen sind.

Bei der Gestaltung eines → *Teiches* oder größeren → *Zimmerbrunnens*, wirkt ein sichtbarer Stein innerhalb der Wasserfläche (Yin) als Yang-Ausgleich und führt somit zur Harmonie von Yin und Yang.

Innerhalb der Gartengestaltung sowie innerhalb der Räumlichkeiten werden Steine dazu verwendet, Ruhe und Geborgenheit zu vermitteln und auch, um den Energiefluß, falls nötig, zu bremsen, zu lenken oder zu sammeln.

Polierte Steinplatten als Bodenbelag, wie Granit oder Marmor, beschleunigen den Chi-Fluß und sorgen so für Dynamik. Deshalb eignen sie sich besonders für Badezimmer und Vorratsräume, jedoch nicht für ein Schlafzimmer.

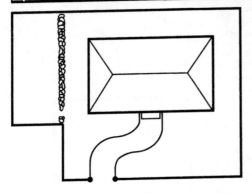

Anwendung:

· Um unregelmäßige Grundstücksgrundrisse auszugleichen, indem die Fehlbereiche mit Steinen abgegrenzt werden (siehe Abb. rechts)

· Um bei abschüssigen Grundstücken (Hanglage) die Energie auf dem Grundstück zu halten

· Als Ausgleich einer unausgewogenen Grundstücksbebauung, als Gegenpol, ähnlich einer Waage (siehe Abb. unten)

· Größere Einzelsteine beidseitig des Einganges, um das Haus oder das Grundstück zu schützen bzw. gegenüber der Umgebung abzugrenzen.

· Mehrere Steine dekorativ als Symbol von Ruhe und Geborgenheit innerhalb der Wohnung plazieren.

· Zur Stabilisierung und Zentrierung des Zentrums

Ba Gua-Bereich:

· Wissen
· Ehe/Partnerschaft
· Zentrum

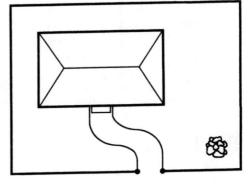

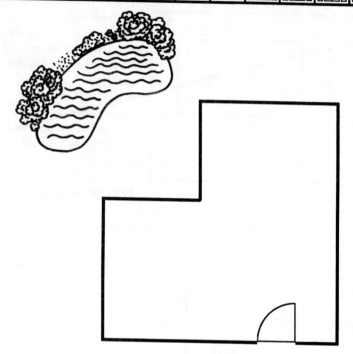

Gartenteich zum Ausgleich eines Fehlbereiches am Haus

Teich

Ein Teich im Garten vertritt das → *Element* Wasser und soll als hochwirksames Feng Shui-Symbol den Bewohnern Reichtum und Wohlstand bringen. Befinden sich im Teich zusätzlich → *Fische*, so gilt dies als einer der stärksten Glücksbringer.

Bei der Gestaltung eines Teiches sollten folgende Merkmale beachtet werden:

· Man sollte sich im Klaren sein, daß ein Teich Pflege und deshalb Zeit erfordert. Haben Sie diese Zeit nicht, sollten Sie auf einen Teich verzichten, denn trübes oder brackiges Wasser zieht Unglück sowie finanzielle und gesundheitliche Probleme an.

- Größe und Lage des Teiches sollten sich harmonisch in die Umgebung einfügen, dabei sollte die Größe weder zu klein noch zu groß gewählt werden, maximal aber die Fläche des Hauses bedecken.
- Eine natürliche oder runde Formgebung ist zu bevorzugen. Sehr positiv wirkt sich die Nierenform aus, die das Haus symbolisch umarmt.
- Damit das ökologische Gleichgewicht im Teich aufrechterhalten bleibt, statten Sie diesen mit Wasserpflanzen, Gräsern und eventuell → *Fischen* aus. Dadurch wird gewährleistet, daß das Wasser frisch und sauber bleibt.
- Ein Quellstein erzeugt leise plätscherndes Wasser, was beruhigend und ausgleichend wirkt.
- Ein Springbrunnen belebt und wirkt anregend, besonders wenn dieser zusätzlich beleuchtet wird.

Anwendung:
- Um das → *Element* Wasser in der Umgebung und auf dem Grundstück zu stärken
- Als Symbol für Reichtum und Wohlstand
- Als möglicher Ausgleich von Yin (ruhiger Teich) oder Yang (Teich mit Springbrunnen)
- Innerhalb der Gartengestaltung, zum Ausgleich eines Fehlbereiches am Haus, z.B. Reichtum.

Ba Gua-Bereich:
- Reichtum
- Karriere (mit fließendem Wasser)

Wichtig:
- Das Wasser im Teich sollte rein und sauber sein
- Keinen Teich rechts vor der Haustür anlegen (von innen nach außen gesehen)

Unruhe und Täuschung

Tiger

Ursprünglich nahm der Tiger in China den Platz des Löwen als „König der wilden Tiere" und „Herr der Erde" ein. Erst später, durch den Buddhismus, wurden diese Attribute dem Löwen zugeteilt, wodurch sich die heutige Symbolik des Tigers veränderte.

Als „weißer Tiger" wird er dem Yin und der Unterwelt zugeordnet, wobei er immer mit dem Tod verbunden wird. Er gilt als Götterbote, und in der chinesischen Kunst finden wir oft Abbildungen, auf denen Götter, Magier oder Unsterbliche, die den Tod bezwangen, den Tiger reiten. Er ist Symbol für kriegerische Tapferkeit, Mut und Stärke, aber auch Wildheit und Zerstörung.

Als eines der vier → *Himmlischen Tiere* stellt der Tiger im Feng Shui den Westen dar, Richtung des Sonnenuntergangs und des Herbstes, der Zeit der wilden Stürme und turbulenten Winde.

Im Feng Shui gilt der Grundsatz: „Wo ein Drache – da auch der Tiger". Er zeigt uns die Gegenseite des Drachen und wird in dieser Beziehung mit List, Täuschung und Unruhe in Verbindung gebracht. Daher gilt für ein Haus oder Grundstück, daß die rechte Seite, die Tigerseite, zurückhaltender gestaltet wird, mit niedrigen und runden Formen, um dem Tiger nicht zuviel Kraft und Macht zu geben. Ausgangspunkt für die Ortung ist die → *Schildkröte* im Rücken.

Innerhalb der Räumlichkeiten ist ebenfalls die rechte Raumseite möglichst ruhig und schwächer zu gestalten als die linke Seite.

Anwendung:

· Bei der Raumgestaltung sollte darauf geachtet werden, daß die Tigerseite nicht zu übermächtig wirkt. Hier eher kleine Möbelstücke verwenden
· Im Garten sollte die Tigerseite mit weichen, runden und niedrigen Formen gestaltet werden

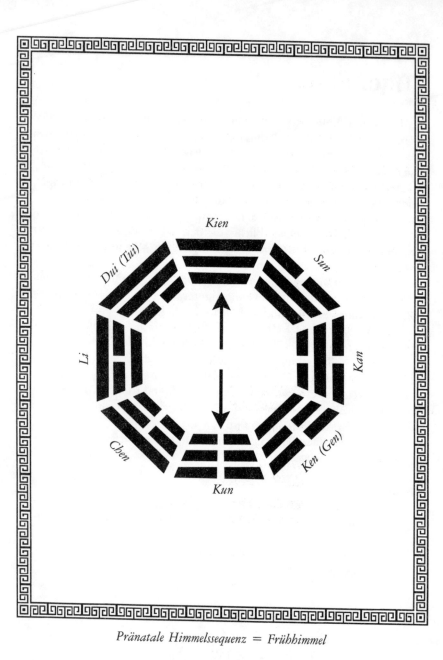

Pränatale Himmelssequenz = Frühhimmel

Trigramme

Die acht Trigramme stellen eine Weiterentwicklung der gebrochenen Yin- und der ungebrochenen Yang-Linie dar. Aus ihnen entstehen die vier Zeichen (siehe unten) mit ihren jeweiligen Phasen des Statischen und Beweglichen. Diese vier Zeichen bilden die Grundlage für die acht Trigramme, aus denen wiederum die 64 Hexagramme des „I-Ging", dem „Buch der Wandlungen", entstanden, indem die 8 Trigramme miteinander verbunden wurden.

Jedes der 8 Trigramme verkörpert eine Kraft der Natur und ist, entsprechend seinem Ursprung, entweder passiv (Yin) oder aktiv (Yang) geprägt.

Die älteste und bekannteste Darstellung der Trigramme ist jene, die Fu Hsi zugeschrieben wird, der die acht Trigramme in Gegensatzpaaren in einem Kreis plazierte, dessen Peripherie die Zeit und den umschließenden Raum verkörpert. Diese Anordnung wird als die „Sequenz des frühen Himmels" bezeichnet.

Die vier Zeichen:

Im Gegensatz dazu stellt die Anordnung nach König Wen die „Kosmische Ordnung" dar und beschreibt die Zyklen und Rhythmen der Natur, wie z.B. die Abfolge der Jahreszeiten. Diese Anordnung wird auch als die „Sequenz des späteren Himmels" (Späthimmel) oder „postnatale Himmelssequenz" bezeichnet und bildet im Feng Shui eine wichtige Grundlage für unterschiedliche Berechnungen:

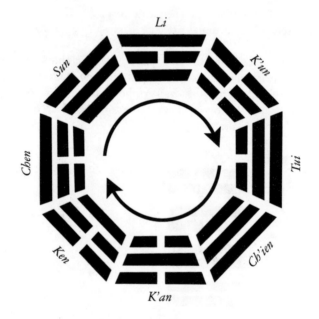

Postnatale Himmelssequenz = Späthimmel

Bild	Trigramm	Himmels-richtung	Jahreszeit	Eigenschaft	Familien-mitglied
Ch'ien	Himmel	Nordwesten	Spätherbst	schöpferisch	Vater
Chen	Donner	Osten	Frühling	erregend	Ältester Sohn
K'an	Wasser	Norden	Winter	abgründig	Mittlerer Sohn
Ken	Berg	Nordosten	Vorfrühling	unbewegt	Jüngster Sohn
K'un	Erde	Südwesten	Spätsommer	empfangend	Mutter
Sun	Wind	Südosten	Frühsommer	sanft	Älteste Tochter
Li	Feuer	Süden	Sommer	haftend	Mittlere Tochter
Tui	See	Westen	Herbst	heiter	Jüngste Tochter

Anwendung:
Siehe → *Trigramm-Band*
Siehe → *Ba Gua-Spiegel*
Siehe → *Magisches Quadrat*

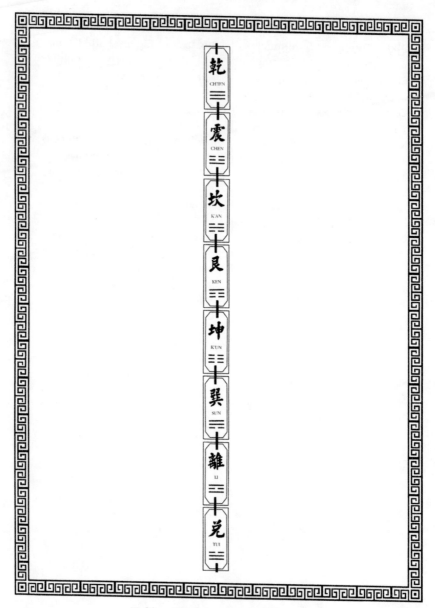

Zyklus, Rhythmus und Vielseitigkeit

Trigramm-Band

Die acht dreiteiligen → *Trigramme* entsprechen den acht elementaren Naturkräften. Sie stehen symbolisch für den Stand der Sonne im Tagesverlauf und für den Ablauf der Jahreszeiten.

Hier steht der Zyklus, der Rhythmus, die fließende Bewegung und die Vielseitigkeit im Vordergrund, was bei der Anwendung zu beachten ist.

Anwendung:
· Frei im Raum oder an der Wand hängend, um Einheit und Wandlung zu vermitteln
· Vor Mauer- oder Schrankkanten, um die schneidende Energie (Sha Chi) zu brechen

Mondtor als Durchgang zum Gartenbereich:
Symbol des friedlichen Yin der Mondgöttin

Tor

Ein Tor oder eine Tür laden immer dazu ein, sie zu durchschreiten. Sie dienen dabei als Schranke, Schutz oder Hindernis in Form eines Gartentores, einer Haustür, eines Tempeltores, Stadttores oder aber auch als Himmelspforte oder Grabeingang.

Symbolisch ist ein Tor ein Übergang, eine Schwelle zwischen zwei Bereichen, zwischen zwei Welten, dem Außen und Innen, dem Bekannten und Unbekannten, dem Diesseits und Jenseits.

Die Gestaltung der Tore und Türen erfolgte oft monumental und geschmückt mit vielen einfallsreichen, symbolträchtigen Details. Die Eingänge der asiatischen Tempel wurden z.B. mit grimmig blickenden → *Türwächtern*, meistens → *Löwen*, ausgestattet, um nur den Würdigen Zugang zu gewähren und das Böse zurückzuweisen.

In China wurden bis in die Neuzeit die Tore abends geschlossen und erst nach dem Hahnenschrei am nächsten Morgen wieder geöffnet. Zur Dämonenabwehr nagelte man auf das Tor eine Metallscheibe mit der Abbildung eines Löwenkopfes. Die Ähnlichkeit mit unserem Türklopfer ist sehr auffällig. Und zur Neujahrszeit werden in China noch heute Bilder von zwei Generälen als Schutz neben der Haustür angebracht.

Im Feng Shui ist in der Regel die Haus- und Wohnungstür oder das Gartentor der Übergang vom öffentlichen zum privaten Bereich und somit die Grenze von Außen nach Innen. Sie sollte daher einen besonders schutzhaften und stabilen Eindruck machen sowie problemlos zu öffnen oder zu schließen sein.

In der Gartengestaltung können die unterschiedlichsten Nutzungsbereiche (z.B. Nutz- und Ziergarten) durch einen Rosenbogen als Torsymbol optisch voneinander getrennt werden. Selbst als „offener" Grundstückseingang ist ein großzügig gestalteter Rosenbogen ein ausreichender Schutz.

Anwendung:
· Als Grenze zwischen zwei Bereichen
· Als geschützter Eingangsbereich
· Als Rosenbogen in der Gartengestaltung

Wichtig:
· Ein Tor oder eine Tür sollte einen sicheren und stabilen Eindruck erwecken

Affirmation:
Das Tor bietet mir Einlaß und Schutz.

Vase

Die Vase hat in China die gleiche Bedeutung wie die Flasche. Da ihr Wortlaut gleichlautend mit p'ing „Frieden" ist, erhält man durch Arrangements mit Pflanzen und anderen Dingen, die in einer Vase dekoriert werden können, eine reichhaltige Verbindung der Symbole, z.B. Kiefer- und Pflaumenzweige mit Narzissen in einer Vase stehen für „Immergrünes Leben, Liebe, Glück und Frieden".

Als „Schatzvase", gefüllt mit „fünf nährenden Früchten" (Getreide und Hülsenfrüchte), diente die Vase bei einem Fruchtbarkeitsritual während einer Hochzeitszeremonie und als schwarze Flasche zum Einfangen der Geister.

In Südchina findet man heute noch ein oder mehrere etwa einen halben Meter hohe Tonkrüge/-vasen, die als sogenannte Knochenvasen auf den Feldern stehen. Sie bergen die Gebeine von Verwandten, die nach zwei Jahren wieder ausgegraben werden und danach in diesen Krügen zur letzten Ruhe gebracht werden.

Sammelbehälter für Glück

Im Feng Shui werden dekorative Vasen neben der Eingangstür aufgestellt, um das positive Chi einzuladen und zu sammeln, weshalb diese Gefäße leer sind, damit das Chi aufgefangen werden kann. Diese Gefäße sind in der Regel mit kunstvollen Glückssymbolen verziert, wie z.B. Pfauen, Vögeln, Päonien, einem Phönix oder Kalligraphiezeichen.

Anwendung:

· Als Dekoration neben der Eingangstür oder auf der Terrasse
· In Verbindung mit Blumen oder Pflanzen als Zeichen für die Fülle der Natur
· Eine leere Vase, Symbol für innere Leere und Harmonie, als Dekoration im Meditationsbereich

Ba Gua-Bereich:

· Wissen
· Reichtum
· Karriere

Affirmation:

Ich bin ein göttliches Gefäß und erhalte, was ich benötige, um zu wachsen

Wasser

Wasser (Shui), in Form von Bächen, Flüssen, Seen, Teichen und Meeren, ist ein elementarer Bestandteil unseres Lebens. Bereits seit Urzeiten ist uns die Energie des Wassers als lebenswichtig, nicht nur für den Körper, sondern auch für Geist und Seele, bekannt. Im Feng Shui ist es die Grundlage dafür, daß die Bewohner eines Hauses Glück erfahren, im Besonderen, wenn der Hauseingang auf reines Wasser weist, das in die richtige Richtung fließt (siehe übernächster Absatz).

Alle wichtigen und mächtigen Städte dieser Welt sind in der Nähe des Wassers gegründet worden: Einerseits gewann man daraus die tägliche Wasserversorgung und Nahrung, andererseits wurde es als Transportweg genutzt, auf dem Handel getrieben wurde. Wasser wird deshalb im Feng Shui auch mit Reichtum und Wohlstand in Verbindung gebracht.

Zu beachten ist, daß die Lage eines Hauses gegenüber von Wasser und die Qualität und Dynamik des Wassers selbst günstigen Voraussetzungen unterliegen sollten. So sollte das Haus nicht zu nah am Wasser stehen, um vor Überschwemmungen geschützt zu sein. Wird das Haus vom Wasser, das sehr schnell und direkt darauf zufließt, bedroht, oder fließt das Wasser vom Haus weg, so gilt dies als ungünstig. Weiterhin muß es sauber, frisch und frei von chemischen Belastungen sein, denn verschmutztes Wasser blockiert den Chi-Fluß.

Als die weibliche Urenergie wird Wasser zunächst dem Yin-Prinzip zugeordnet, was in einem See oder ruhigen → *Teich* zum Ausdruck kommt. Fließendes Wasser besitzt mehr Yang-Energie als ein ruhendes Gewässer, und ein Wasserfall kann die Umgebung mit seinem kräftigen Chi versorgen.

Wie das Wasser im Feng Shui wirksam eingesetzt wird, läßt sich mit Wasserformel und Kompaß bestimmen. Über die Wasserformel wird die Lage des Wasserelementes – egal ob es sich dabei um einen Teich, Brunnen oder Wasserfall handelt – gegenüber dem Haus bestimmt, um so den glückbringenden Einfluß des Wassers zu nutzen. Nach dem tausendjährigen chinesischen Kalender gelten für die derzeitige Periode (bis 2003) und die nächste Periode (2004 bis 2023) folgende Himmelsrich-

tungen für die Plazierung eines Gartenteiches als günstig: Norden, Süd-
westen, Osten und Südosten.

Möchte man das Wasserelement im Garten einbringen, so kann dies
in Form eines → *Teiches*, Springbrunnens oder Wasserfalls erreicht werden. Bei der Gestaltung kann man seiner Phantasie und Kreativität
freien Lauf lassen. Bei der Größe sollte man die kraftvolle Wirkung der
harmonischen → *Maße* verwenden und Länge, Breite und Tiefe bzw.
Höhe danach abstimmen. Grundsätzlich gelten abgerundete, ovale oder
kreisrunde Formen als positiv, während Kanten und Ecken zu vermei-
den sind. Die Größe des Wasserelementes sollte mit den Proportionen
des Hauses und des Grundstückes abgestimmt werden. Ist z.B. der an-
gelegte Teich oder Wasserfall zu groß, so wirkt das Haus kleiner und das
Wasser erdrückt dieses mit seiner Kraft, statt es zu nähren.

Die Fließrichtung des Wassers sollte sanft zum Haus hin erfolgen, um
den Energiefluß zum Haus auszurichten. Bereits ein kleiner Wasserlauf
in einem Teich kann die gewünschte Wirkung erzielen.

Das → *Trigramm* „Das Abgründige" wird im Feng Shui durch das
Wasser ausgedrückt, das die Himmelsrichtung Norden, die Farben Blau
und Schwarz sowie Nacht und Winter symbolisiert.

Die 3 glückverheißenden Wasser

1. Wasser fließt breit und langsam auf das Haus zu, an der Vorderseite vorbei und wird hinter dem Haus schmäler.

2. Das Wasser fließt aus drei Richtungen auf das Haus zu und sammelt sich auf der Vorderseite des Hauses.

3. Das Wasser umströmt das Haus wie ein „Jadegürtel" in der Formation des „idealen Standortes". Die → *Schildkröte*, der → *Tiger* und der → *Drache* erscheinen im Gelände.

Anwendung:
· In Form eines Teiches oder Wasserlaufes bei der Gartengestaltung
· Als Springbrunnen vor dem Hauseingang, um den Chi-Fluß zu aktivieren
· Als → *Zimmerbrunnen* oder → *Aquarium* innerhalb des Hauses

Ba Gua-Bereich:
· Reichtum
· Eltern
· Karriere

Wichtig:
· Das Wasser muß immer rein und sauber sein, um so den Energiefluß zu unterstützen

Ordnung und Struktur

Windtürmchen

Das Windtürmchen ist eine Art Mobile, bei dem die vier → *Himmlischen Tiere* die vier Haupthimmelsrichtungen darstellen. Der Drache steht für den Osten, der Phönix für den Süden, der Tiger für den Westen und die Schildkröte für den Norden.

Diese vier mystischen Tiere vermitteln uns durch ihre Attribute die Basisenergien, die als Grundkräfte der Natur gelten. Sie verbinden uns mit der geordneten, aufeinander abgestimmten Struktur der Natur mit ihrer Einfachheit und Klarheit.

Damit ist das „Windtürmchen" besonders für jene Bereiche geeignet, in denen die Energie von Ordnung und Struktur angesprochen ist oder erreicht werden soll, wie beispielsweise im Kinderzimmer, in der Küche, am Arbeitsplatz oder im Meditationsraum.

Anwendung:
· Durch ergänzende Hilfsmittel kann die Wirkung des Windtürmchens effektiver und für spezielle Zwecke eingesetzt werden:
  · Kristall-Kugel: um Stabilität zu erreichen
  · Klangspiel: um den Energieabfluß zu bremsen
  · Doppelspirale: um den Bereich zu beleben

Ba Gua-Bereich:
· Alle Bereiche

Gleichklang der Gegensätze

Yin und Yang

Alles, was in unserer Welt existiert und uns umgibt, besteht aus Gegensätzen, die unser menschliches Dasein bestimmen. Yin und Yang stehen im Gegensatz zueinander und symbolisieren in ihrer Verbindung die vollkommene Harmonie. Entstanden aus dem Ur-Einen, dem Tai Chi, stehen sie für die männlichen und weiblichen Prinzipien in der Natur. Dabei ist nichts als solches ausschließlich Yin oder Yang, sondern nur in der jeweiligen Beziehung zu etwas anderem hat es Yin- oder Yang-Qualität. Das bekannte Yin/Yang-Zeichen bildet einen kleinen Anteil Yin im Yang und einen kleinen Anteil Yang im Yin ab, was zeigt, daß das eine immer im anderen vorhanden ist und ohne es nicht existieren kann. Kein Schatten kann ohne Licht, keine Wärme ohne Kälte empfunden werden, und ohne Ruhe gibt es keine Bewegung.

Im Feng Shui wird über das Gleichgewicht von Yin und Yang Harmonie und Einheit zwischen Umgebung und Mensch hergestellt, um das Schicksal des Einzelnen zu begünstigen. Dabei stehen Yin und Yang in einem fortwährenden Austausch und bewirken Wandel. So folgt die Nacht auf den Tag und der Tag auf die Nacht.

Gutes Feng Shui ist daher vor allem der richtige Ausgleich von Yin und Yang. Zuviel Yin erzeugt Schwere und Starrheit, während zuviel Yang Unruhe und Aggression verursachen kann. Die Anwendung von Yin und Yang erfordert eine ständige Aufmerksamkeit über die Notwendigkeit einer Veränderung.

Yin	Yang
Nacht	Tag
Dunkel	Hell
passiv	aktiv
weiblich	männlich
Mond	Sonne
Erde	Himmel
Winter	Sommer
Kälte	Wärme
Tiger	Drache
einatmen	ausatmen
Schatten	Licht
schwer	leicht
weich	hart
rechts	links
hinten	vorne
innen	außen
gerade Zahlen	ungerade Zahlen
Körper	Seele

Zahlen

Unsere ganze Welt besteht aus Zahlen und das „von Anfang" an. Sie sind ein Spiegel vom „Wesen der Wirklichkeit". Jede einzelne Zahl besitzt für sich ihre eigene Realität, Qualität und ihr eigenes geistiges Symbol. Dabei entwickelte jede Kultur ihre eigene Deutungsweise.

In China bezieht sich die Zahlensymbolik auf einen ganzen Komplex von Gegebenheiten und Emblemen. So lassen sich gleichartige Komplexe mit verschiedenen Zahlen in Verbindung bringen, was der Philosophie „von der Wandlung der Natur" entspricht. Ein wichtiger Aspekt bei der Interpretation der Zahlen ist deren Aussprache, weshalb je nach Dialekt die Bedeutung unterschiedlich sein kann.

Im Feng Shui gelten alle geraden Zahlen (2,4,6...) als Yin und alle ungeraden Zahlen (1,3,5...) als Yang.

Eins

Die Eins steht für Einsamkeit und Unglück, für eine autoritäre Herrschaft und für etwas, das auf jeden Fall geschieht. Sie ist allerdings auch eine spirituelle Zahl, die das Höchste und Allergrößte, das Tai Chi, verkörpert, aus dem die zwei Prinzipien Yin und Yang entstanden sind. Die Eins wird dem Himmel zugeordnet.

Zwei

Sie gilt als positive Zahl und steht für die Einheit (Yin und Yang) der Gegensätze und gegenseitiges Vertrauen. Die Aussprache klingt auf Chinesisch wie „einfach", weshalb das Angestrebte mühelos erreicht wird. Die Zwei wird der Erde zugeordnet.

Drei

Sie gilt als eine positive und sehr bedeutungsvolle Zahl. Die chinesische Aussprache klingt wie „lebendig", weshalb ihr Wachstum und eine gute Nachkommenschaft zugeschrieben wird. Weiterhin steht sie für die östliche Dreiheit: Himmel – Erde – Mensch. Ein beliebtes magisches Feng Shui-Symbol ist es, drei Münzen unter eine kräftige Pflanze zu legen, um so den Reichtum zu „nähren". Die Drei wird dem Menschen zugeordnet.

Vier

Als die negativste Zahl wird sie überall gemieden, wo es nur möglich ist. Der Grund dafür liegt darin, daß die Aussprache gleich klingt wie „Tod". Zum Schutz wird um die Vier ein Kreis gezogen, damit die negative Kraft in der Mitte verweilen muß.

Zahlenkombinationen:
· 24: Es ist leicht zu sterben.
· 74: Es ist sicher zu sterben.

Fünf

Eine positive bzw. neutrale Zahl, die Zahl der Mitte. In der chinesischen Zahlenmystik ist sie eine der wichtigsten Zahlen. So finden wir sie bei den fünf Wandlungsphasen (→ *Elemente*) oder bei den fünf Welten-richtungen (N, S, O, W, Mitte). Im Mandarin-Dialekt klingt ihre Aussprache wie „Nichts", weshalb einige Feng Shui-Schulen in China diese Zahl meiden.

 ## Sechs

Eine glückbringende Zahl und Symbol für Wohlstand, Reichtum und Fülle. Die Aussprache klingt wie „rollen" oder „Bewegung", was in diesem Zusammenhang als „die besten Voraussetzungen sind gegeben" gedeutet wird.

 ## Sieben

Die „heilige Zahl", die bevorzugt verwendet wird. Die Aussprache klingt wie „sicher", weshalb sie bei Zahlenkombinationen einen eindeutigen Hinweis gibt.

Zahlenkombinationen:
· 78 = es ist sicher reich zu werden
· 74 = es ist sicher zu sterben

In der Zahlenmystik wird die Sieben der Frau zugeordnet. Die Frau hat danach einen 7-Jahres-Rhythmus:

7 Monate	- Milchzähne
1 x 7 Jahre	- Verlust der Milchzähne
2 x 7 Jahre	- Beginn der Menstruation
7 x 7 Jahre	- Beginn der Wechseljahre

Acht

Im Feng Shui die glückbringende Zahl schlechthin, denn ihre chinesische Aussprache klingt wie „blühen, gedeihen" oder „Reichtum". Sie trägt in sich das Symbol der Unendlichkeit, der Harmonie und des Wohlstandes. Die Acht verkörpert die Ordnung der Natur in Form der acht → Trigramme oder den acht Himmelsrichtungen. Sie wird gerne in Zahlenkombinationen dargestellt oder für Hausnummern, Telefonnummern oder Autokennzeichen ausgewählt.

Zahlenkombinationen: · 28: einfach und schnell reich werden
· 78: mit Sicherheit reich werden

In der Zahlenmystik wird die Acht dem Mann zugeordnet. Der Mann besitzt einen 8-Jahres-Rhythmus:

8 Monate	- Milchzähne
1 x 8 Jahre	- Verlust der Milchzähne
2 x 8 Jahre	- Beginn der Zeugungsfähigkeit
8 x 8 Jahre	- Ende der Zeugungsfähigkeit

 Neun

Sie ist die Zahl für „langes Leben", denn ihre chinesische Aussprache klingt wie „Langlebigkeit". Sie gilt ebenfalls als glückbringende Zahl und wird deshalb auch in Zahlenkombinationen verwendet. Im → *magischen Quadrat* befindet sich die Neun im Süden, der wichtigsten und segensreichsten Richtung im Feng Shui.

Zahlenkombinationen: · 289: Es ist leicht, für eine lange Zeit Reichtum zu finden
· 99999: Unendlichkeit (vielfache Langlebigkeit)

Leben und Vitalität

Zimmerbrunnen

Bewegtes Wasser drückt durch seine fließende Energie Leben und Vitalität aus, zieht die Chi-Energie wie ein Magnet an, so daß das Zimmer mit lebendiger Energie aufgeladen wird.

Der Zimmerbrunnen mit seinem sprudelnden Wasser sorgt für eine gleichmäßige Luftfeuchtigkeit, filtert Staubteilchen aus der Luft, ionisiert die Luft mit lebensnotwendigen Minus-Ionen und erhält so eine große Bedeutung für unsere körperliche und emotionale Gesundheit.

Das Wasser sollte sanft und weich über die → *Steine* fließen und ein leises Plätschern erzeugen.

Bei der Gestaltung des Zimmerbrunnens sind folgende Feng Shui-Regeln zu beachten:

1. Anordnung der Steine und → *Pflanzen* nach dem idealen Standort
2. Darstellung des 5-Elemente-Zyklus in Form, Farbe und Gegenstand
3. Ausgewogenheit zwischen Yin und Yang

Im Einzelnen bedeutet dies, daß die Schale groß genug gewählt werden sollte, um eine ausreichend große Wasserfläche zu erhalten. Die Steine und Pflanzen sind so zu plazieren, daß diese symbolisch Drache, Tiger, Phönix und Schildkröte darstellen.

Es ist wichtig, daß das Wasser immer sauber bleibt und dafür zu sorgen, daß die Pflanzen kräftig und gesund gedeihen. Außerdem sollen die technischen Geräte, wie Pumpe, Filter und Beleuchtung, funktionsfähig sein. Es empfiehlt sich, nur gefiltertes Wasser (z.B. mit Aktivkohlefilter) zu verwenden, um einer Kalkbildung im Brunnen vorzubeugen.

Anwendung:
· Zur Belebung und Energiesteigerung in Räumen
· Als Luftbefeuchter
· Zur Aktivierung stagnierender Bereiche
· Als Blickfang im Eingangsbereich von Büro- und Geschäftsgebäuden

Ba Gua-Bereich:
· Reichtum
· Eltern
· Karriere

Wichtig:
· Es sollte immer auf klares Wasser und gesunde Pflanzen geachtet werden.
· Keine Objekte, die dem Feuer-Element zugeordnet werden, neben den Zimmerbrunnen stellen.
· Den Zimmerbrunnen nicht vor einer Fensterfläche aufstellen.

Affirmation:
Ich übergebe mich dem Fluß des Lebens, und bin bereit, zu geben und zu nehmen.

Index

Stichwort	Verweis	Stichwort	Verweis
Abstellraum	Ba Gua (Zentrum	Donnerkeil	Donner
Acht	Zahlen	Dorje	Donner
Agave	Pflanzen	Drache	Drache, Himmlische Tiere,
Aloe	Pflanzen		Phönix, Windtürmchen,
Amulett	Magisches Quadrat,		Zimmerbrunnen
	Münzen	Drachenfest	Drache
Anerkennung	Ba Gua (Ruhm), Hausgötter	Drei	Zahlen
Aquarium	Ba Gua (Karriere, Eltern,	Durchsetzung	Farben (Rot)
	Reichtum), Aquarium,	Dynamik	Farben (Rot)
	Fisch, Wasser	Ehe	Ba Gua (Ehe), Blumen,
Aufmerksamkeit	Fahne		Ente, Farben (Gelb, Rosa),
Autorität	Ba Gua (Freunde), Farben		Lotos, Orchidee, Steine
	(Rot)	Efeu	Pflanzen
Balkon	Ba Gua	Ei	Ei
Bambus	Ba Gua (Reichtum, Eltern,	Eingang	Ba Gua, Ba Gua-Spiegel,
	Bambus, Blumen, Kiefer,		Fisch, Flöten, Glocke, Haus-
	Langes Leben, Pflaume		götter, Kiefer, Licht, Löwe,
Ba Gua	Ba Gua		Magisches Quadrat,
Ba Gua-Spiegel	Ba Gua-Spiegel		Mandala, Pfirsich, Spiegel,
Balken	Flöten		Steine, Tor, Vase, Wasser
Barmherzigkeit	Kuan Yin	Einheit	Trigramm-Band
Beleuchtung	Licht	Eins	Zahlen
Berg	Ba Gua (Wissen), Berg,	Eintracht	Orchidee
	Steine, Trigramme	Elefant	Ba Gua (Eltern), Elefant
Beständigkeit	Bambus	Elemente	Elemente, Farben, Pflanzen
Bewegung	Fahne	Eltern	Ba Gua (Eltern), Bambus,
Bibliothek	Ba Gua (Wissen)		Blumen, Donner, Drache,
Blau	Farben (Blau)		Elefant, Ente, Farben
Blickfang	Fahne		(Grün), Sonnenrad,
Blumen	Ba Gua (Wissen), Vase		Hirsch, Kranich, Langes
Bogenhanf	Pflanzen		Leben, Pfirsich, Wasser,
Bonsai	Pflanzen		Zimmerbrunnen
Buddha	Ba Gua (Eltern, Freunde),	Ente	Ba Gua (Ehe), Ente
	Buddha, Sonnenrad, Lotos	Entspannung	Aquarium
Briefbeschwerer	Ei, Spiegel	Erde	Ba Gua (Ehe), Himmel,
Chrysantheme	Blumen, Chrysantheme		Elemente, Pflanzen,
Dachschräge	Flöten		Trigramme
Dankbarkeit	Elefant	Erfolg	Maße
Deckenfluter	Licht	Erleuchtung	Buddha, Lotos
Dickbauch-Buddha	Ba Gua (Reichtum),	Farben	Farben
	Dickbauch-Buddha	Fehlbereich	Ba Gua, Licht, Spiegel,
Distanz	Farben (Blau)		Steine, Teich
Donner	Ba Gua (Eltern), Donner,	Fächer	Fächer
	Drache, Trigramme	Fahne	Fahne

Stichwort	Verweis
Feuer	Ba Gua (Ruhm), Elemente, Pflanzen, Trigramme
Fisch	Ba Gua (Reichtum), Aquarium, Fisch, Teich
Flöte	Flöte
Flur	Fächer
Forsythie	Pflanzen
Freiheit	Phönix
Freunde	Ba Gua (Freunde), Blumen, Chrysantheme, Dickbauch-Buddha, Farben (Weiß), Glocke, Kiefer, Kuan Yin, Phönix
Friede	Ba Gua, Bambus, Flöten, Kuan Yin
Fruchtbarkeit	Ei
Fuchsie	Pflanzen
Fünf	Zahlen
Fürsorge	Ente
Fuk	Hausgötter
Geborgenheit	Farben (Gelb), Schildkröte, Steine
Gelb	Farben (Gelb)
Geldbaum	Pflanzen
Gesundheit	Ba Gua (Eltern), Hausgötter, Knoten
Girlande	Fahne
Glocke	Ba Gua (Freunde), Glocke
Glück	Aquarium, Dickbauch-Buddha, Glocke, Hausgötter, Knoten, Maße, Münzen, Pflaume, Teich, Wasser
Glücksschnur	Münzen
Gnade	Kuan Yin
Goldfisch	Aquarium
Grün	Farben (Grün)
Harmonie	Ba Gua, Elemente, Farben (Gelb, Rosa), Flöten, Lotos, Steine, Vase, Yin und Yang
Hibiskus	Pflanzen
Himmel	Ba Gua (Freunde), Trigramme
Himmelssequenz	Ba Gua, Trigramme
Himmlische Tiere	Drache, Himmlische Tiere, Phönix, Schildkröte, Tiger, Windtürmchen

Stichwort	Verweis
Hirsch	Hirsch
Holz	Elemente, Pflanzen
Ho-tei	Dickbauch-Buddha
Ikebana	Blumen
Iris	Blumen
Jahreszeiten	Elemente, Trigramme
Kakteen	Pflanzen
Kante	Ba Gua-Spiegel, Bambus, Trigramm-Band
Karriere	Ba Gua (Karriere), Aquarium, Farben (Schwarz, Blau), Fisch, Knoten, Teich, Vase, Wasser, Zimmerbrunnen
Kiefer	Chrysantheme, Kiefer, Kranich, Pflaume, Vase
Kinder	Ba Gua (Kinder), Chrysantheme, Ei, Farben (Weiß)
Knoten, endloser	Knoten
Kontrollzyklus	Elemente
Konzentration	Farben (Weiß)
Kraft	Aquarium, Ba Gua (Freunde), Bambus, Drache, Elefant, Farben (Rot), Sonnenrad, Licht, Löwe
Kranich	Kiefer, Kranich
Kreativität	Ba Gua (Kinder), Farben (Grün, Blau)
Kreis	Sonnenrad, Zahlen (Vier), Magisches Quadrat
Kreuz	Sonnenrad
Langlebigkeit	Bambus, Chrysantheme, Hausgötter, Hirsch, Kiefer, Knoten, Kranich, Münzen, Pfirsich, Schildkröte, Steine
Leben	Sonnenrad
Lebensbereiche	Ba Gua
Lebensfreude	Ba Gua (Ruhm)
Lebensweg	Ba Gua (Karriere)
Lehrer	Ba Gua (Eltern)
Liebe	Orchidee
Löwe	Löwe, Tor
Löwentor	Löwe
Lo Shu	Magisches Quadrat
Lotos	Blumen, Ente, Lotos
Lotus	Lotos

Stichwort	Verweis
Luftbefeuchter	Pflanzen
Luftfilter	Pflanzen
Luk	Hausgötter
Macht	Farben (Rot), Hausgötter
Magisches Quadrat	Quadrat, magisches
Magnolie	Blumen, Pflanzen
Mandala	Ba Gua (Wissen, Ehe), Mandala
Meditation	Buddha, Glocke, Kuan Yin, Mandala, Räuchern, Vase
Meditationsplatz	Ba Gua (Wissen)
Metall	Elemente, Pflanzen
Mi-lo fo	Dickbauch-Buddha
Mitte	Ba Gua
Münze	Ba Gua (Reichtum), Münzen
Mut	Löwe, Tiger
Nachbar	Ba Gua (Freunde)
Narzisse	Pflanzen
Neun	Zahlen
Offenheit	Farben (Blau)
Orchidee	Orchidee
Paravent	Paravent
Partnerschaft	Ba Gua (Ehe), Ente, Farbe (Gelb, Rosa)
Perle	Drache
Pfingstrose	Blumen
Pfirsich	Ba Gua (Ruhm), Hausgötter, Pfirsich
Pflanze	Ba Gua (Eltern, Reichtum), Pflanzen
Pflaume	Blumen, Kiefer, Pflaume, Vase
Phönix	Drache, Himmlische Tiere, Phönix, Windtürmchen, Zimmerbrunnen
Quadrat	Magisches Quadrat
Räuchern	Räuchern
Raumteiler	Paravent
Reichtum	Ba Gua (Reichtum), Aquarium, Bambus, Dickbauch-Buddha, Drache, Farben (Grün), Fisch, Hirsch, Münzen, Teich, Vase, Wasser, Zimmerbrunnen
Reinheit	Buddha, Lotos
Reinigung	Räuchern

Stichwort	Verweis
Rot	Farben (Rot)
Rosenbogen	Tor
Ruhe	Mandala, Steine
Ruhm	Ba Gua (Ruhm), Blumen, Buddha, Farben (Rot), Hirsch, Phönix
Sau	Hausgötter, Pfirsich
Schildkröte	Himmlische Tiere, Schildkröte, Windtürmchen, Zimmerbrunnen
Schirm	Schirm
Schutz	Ba Gua-Spiegel, Glocke, Löwe, Magisches Quadrat, Münzen, Paravent, Pflanzen, Schildkröte, Schirm, Spiegel, Tor
Schutzengel	Ba Gua (Freunde)
Schöpfungszyklus	Elemente
Schwarz	Farben
See	Ba Gua (Kinder), Trigramme
Sechs	Zahlen
Siddharta	Buddha
Sonnenrad	Sonnenrad
Spanische Wand	Paravent
Spiegel	Ba Gua (Karriere), Ba Gua-Spiegel, Spiegel
Springbrunnen	Teich, Wasser
Stabilität	Ba Gua (Wissen), Berg, Farben (Gelb), Mandala, Steine, Windtürmchen
Standort	Himmlische Tiere
Stärke	Drache, Elefant, Löwe, Tiger
Steine	Steine, Zimmerbrunnen
Tageszeiten	Elemente, Trigramme
Tai Chi	Ba Gua (Zentrum)
Talisman	Magisches Quadrat
Tapferkeit	Tiger
Teich	Lotos, Steine, Teich, Wasser
Terrasse	Ba Gua
Tiger	Himmlische Tiere, Tiger, Windtürmchen, Zimmerbrunnen
Ting Lan	Maße
Topfpflanze	Blumen
Tor	Tor

Stichwort	Verweis	Stichwort	Verweis
Treppe	Ba Gua, Fächer, Flöten	Yin	Sonnenrad, Löwe, Münzen, Phönix, Steine, Teich, Trigramme, Wasser, Yin und Yang, Zahlen, Zimmerbrunnen
Treue	Bambus, Ente		
Trommel	Donner		
Trigramme	Ba Gua-Spiegel, Magisches Quadrat, Maße, Trigramme, Trigramm-Band		
		Yucca-Palme	Pflanzen
Tür	Ba Gua, Ba Gua-Spiegel, Fisch, Flöten, Glocke, Löwe, Magisches Quadrat, Mandala, Münzen, Pfirsich, Spiegel, Steine, Tor, Vase	Zärtlichkeit	Farben (Rosa)
		Zentrum	Ba Gua, Farben (Gelb), Mandala, Steine
		Zimmerbrunnen	Ba Gua (Eltern, Reichtum), Wasser, Zimmerbrunnen
Türwächter	Löwe, Tor	Zufriedenheit	Ba Gua (Reichtum)
Unendlichkeit	Sonnenrad	Zukunft	Ba Gua (Kinder)
Unsterblichkeit	Pfirsich	Zuversicht	Phönix
Vajra	Donner	Zwei	Zahlen
Vase	Ba Gua (Wissen), Bambus, Fisch, Orchidee, Vase	Zyklus	Elemente, Farben, Trigramme
Vier	Zahlen	Zypresse	Pflanzen
Vitalität	Wasser, Zimmerbrunnen		
Vorgesetzter	Ba Gua (Eltern)		
Wachstum	Bambus, Farben (Grün)		
Wasser	Ba Gua (Karriere), Aquarium, Elemente, Pflanzen, Teich, Trigramme, Wasser, Zimmerbrunnen		
Weiblichkeit	Farben (Rosa), Yin und Yang		
Weisheit	Berg, Buddha, Elefant		
Wind	Ba Gua (Reichtum), Trigramme		
Windtürmchen	Ba Gua (Eltern), Windtürmchen		
Wissen	Ba Gua (Wissen), Berg, Blumen, Buddha, Farben (Gelb), Kranich, Kuan Yin, Mandala, Steine, Vase		
Wohlstand	Ba Gua (Reichtum), Aquarium, Dickbauch-Buddha, Drache, Fisch, Hausgötter, Teich		
Yang	Sonnenrad, Löwe, Münzen, Phönix, Steine, Teich, Trigramme, Wasser, Yin und Yang, Zahlen, Zimmerbrunnen		

Weiterführende Literatur

Blau, Tatjana & Mirabei: Buddhistische Symbole. Darmstadt, 1999
Brown, Simon: Feng Shui-Praxis. München, 1998
Chuen, Lam Kam: Das Feng Shui-Handbuch. Sulzberg, 1996
Eckert, Achim: Das heilende Tao. Freiburg, 1989
Hale, Gil: Feng Shui-Garten-Praxis. Neuhausen (Schweiz), 1998
Scheiner/Bradler: Feng Shui als Spiegelbild. Landsberg, 1997
Scheiner/Bradler: Feng Shui Symbole des Westens. Darmstadt, 1999
Sator, Günther: Feng Shui – Die Kraft der Wohnung erkennen und
    nutzen. München, 1998
Sator, Günther: Feng Shui – Garten für die Sinne. München, 1999
Spear, William: Die Kunst des Feng Shui. München, 1996
Yun/Rossbach: Feng Shui – Farbe und Raumgestaltung. München, 1996
Walters, Derek: Feng Shui – Die Kunst des Wohnens. München, 1998
Wilhelm, Richard: I-Ging. Köln, 1973
Wing: Das illustrierte I Ging. München, 1994

Kontaktadressen

Feng Shui-Seminare und -Ausbildungen:
- HAGIA CHORA
  Schule für Geomantie
  Luitpoldallee 35
  D-84453 Mühldorf
  Tel: (0049) 08631 – 379 633
  Fax: (0049) 08631 – 379 634
- Die Feng Shui-Agentur
  Isolde Schaeffer
  Kreuslinstraße 1
  D-80798 München
  Tel: (0049) 089 – 272 22 44
  Fax: (0049) 089 – 272 22 31
- Feng Shui-Kreativ
  Ludwigsplatz 14
  D-83022 Rosenheim
  Tel: (0049) 08031 – 288 977
  Fax: (0049) 08031 – 288 978

Feng Shui-Artikel
- Feng Shui & Kristalle
  Groß- und Einzelhandel
  Ludwigsplatz 14
  D-83022 Rosenheim
  Tel: (0049) 08031 – 288 977
  Fax: (0049) 08031 – 288 978
  eMail: fengshui.kristalle@firemail.de
- Oneness World
  Kreuzstraße 4
  D-80331 München
  Tel: (0049) 089 – 260 66 51
- Feng Shui – Der Laden
  Welser Straße 10
  D-10777 Berlin
  Tel: (0049) 030 – 211 17 71
- ESOTERIKA
  Stellinger Weg 4
  D-20255 Hamburg
  Tel: (0049) 040 – 400 126

- FOCUS
  Brabanterstraße 1
  D-52070 Aachen
  Tel: (0049) 0241 – 506 350
- SOMANAS
  Antwerpener Straße 24
  D-50672 Köln
  Tel: (0049) 0221 – 528 587
- SCHIRNER Buchhandlung
  Feng Shui-Artikel, Literatur, Salzlampen
  Elisabethenstraße 20-22
  64283 Darmstadt
  Tel. (0049) 06151 – 293 939
  Regelmäßige Feng Shui-Sprechstunden
- Steinkreis
  Mineralien und Edelsteine
  Pachmayerweg 1
  83119 Obing-Frabertsham
  Tel. (0049) – 08624 – 829 556
- Avalon – Haus der Esoterik
  Münchner Straße 11
  85221 Dachau
  Tel: (0049) 08131 – 353 075
- Remy Forum
  Rathausplatz 2
  87435 Kempten
  Tel: (0049) 0831 – 18 142
- Ländliches Wohnen & Lebensgefühl
  Bahnhofstraße 3
  A-9800Spittal/Drau
  Tel. (0043) 04762 – 35 706
- Fengshui Unlimited
  Wasserschöpfi 60
  CH-8055 Zürich
  Tel: (0041) 01 – 4 518 555

Die westliche Ergänzung zu „Feng Shui Symbole des Ostens":

Christine M. Bradler
Joachim Alfred P. Scheiner
**Feng Shui Symbole
des Westens**
DM 19,80/öS 145,–/
sFr 19,–
ISBN 3-930944-90-1

Die Anwendung des „modernen", d.h. unseren neuzeitlichen Bedürfnissen angepaßten, Feng Shui erfordert den optimalen Einsatz der vielfältigen Feng Shui-Hilfsmittel, die mittlerweile nicht mehr allein aus dem Ursprungsland China stammen, sondern auch in unserem westlichen Kulturkreis beheimatet sind. Seien es Tiere oder Gegenstände – jedes Symbol trägt eine wirkungsvolle Kraft in sich. Um diese zu entfalten, benötigt es den „richtigen" Platz. Dazu gilt es zunächst, sich dieser Kraft bewußt zu werden und sie dann entsprechend den Regeln des Feng Shui gezielt einzusetzen. Die dafür erforderlichen Kenntnisse vermitteln das hier vorgestellte Buch „Feng Shui Symbole des Westens" und sein Gegenstück „Feng Shui Symbole des Ostens" – getrennt nach Symbolen des Ostens, also den „klassischen", und jenen des Westens, den „neuzeitlichen" – und werden damit zum Wegweiser und zur Entscheidungshilfe bei der Suche nach dem für den Leser richtigen Symbol an der richtigen Stelle.

Ba Gua-Schablone
für quadratische Räume

Reichtum	Ruhm	Ehe/Partnerschaft
• Bambus • Dickbauch-Buddha • Fische • Drache • Münzen • Hirsch • Vase • Wasser	• Urkunden, Pokale • Buddha-Statue • helles Licht • Pfirsich	• Entenpaar • Mandala • Orchidee • Steine
Eltern • Pflanzen/ Bambus, Blumen, Pfirsich • Donner • Drache • Trigrammband• Elefant/ Hirsch/ Ente/Kranich • Wasser/ Aquarium, Zimmerbrunnen	**Tai Chi** • Mandala • Wasser/ Aquarium, Zimmerbrunnen • Vase	**Kinder** • phantasievolle Gemälde • blühende Blumen • Ei
Wissen • Bücher • Buddha-Statue • Bild mit Berg • Elefant • Schirm • Kuan Yin • Vase • Kranich • Steine	**Karriere** • Spiegel • Blau • Fische • Vase • Wasser/ Aquarium, kl. Zimmerbrunnen, Schale mit Wasser, Teich, Wellenmuster an Wand oder Boden	**Hilfreiche Freunde** • Glocken• Schirm • Kuan Yin

Eingang

Ba Gua-Schablone
für breite Räume

Reichtum	Ruhm	Ehe/Partnerschaft
• *Bambus* • *Dickbauch-Buddha* • *Fische* • *Drache* • *Münzen* • *Hirsch* • *Vase* • *Wasser*	• *Urkunden, Pokale* • *Buddha-Statue* • *helles Licht* • *Pfirsich*	• *Entenpaar* • *Mandala* • *Orchidee* • *Steine*
Eltern	Tai Chi	Kinder
• *Pflanzen/ Bambus, Blumen, Pfirsich* • *Donner* • *Drache* • *Trigrammband* • *Elefant/ Hirsch/ Ente/Kranich* • *Wasser/ Aquarium, Zimmerbrunnen*	• *Mandala* • *Wasser/ Aquarium, Zimmerbrunnen* • *Vase*	• *phantasievolle Gemälde* • *blühende Blumen* • *Ei*
Wissen	Karriere	Hilfreiche Freunde
• *Bücher* • *Buddha-Statue* • *Bild mit Berg* • *Elefant* • *Schirm* • *Kuan Yin* • *Vase* • *Kranich* • *Steine*	• *Spiegel* • *Blau* • *Fische* • *Vase* • *Wasser/ Aquarium, kl. Zimmerbrunnen, Schale mit Wasser, Teich, Wellenmuster an Wand oder Boden*	• *Glocken* • *Schirm* • *Kuan Yin*

Eingang

Ba Gua-Schablone
für tiefe Räume

<u>Reichtum</u> • Bambus • Dickbauch-Buddha • Fische • Drache • Münzen • Hirsch • Vase • Wasser	<u>Ruhm</u> • Urkunden, Pokale • Buddha-Statue • helles Licht • Pfirsich	<u>Ehe/Partnerschaft</u> • Entenpaar • Mandala • Orchidee • Steine
<u>Eltern</u> • Pflanzen/ Bambus, Blumen, Pfirsich • Donner • Drache • Trigrammband• Elefant/ Hirsch/Ente/Kranich • Wasser/ Aquarium, Zimmerbrunnen	<u>Tai Chi</u> • Mandala • Wasser/ Aquarium, Zimmer- brunnen • Vase	<u>Kinder</u> • phantasievolle Gemälde • blühende Blumen • Ei
<u>Wissen</u> • Bücher • Buddha- Statue • Bild mit Berg • Elefant • Schirm • Kuan Yin • Vase • Kranich • Steine	<u>Karriere</u> • Spiegel • Blau • Fische • Vase • Wasser/ Aquarium, kl. Zimmerbrunnen, Schale mit Wasser, Teich, Wellenmuster an Wand oder Boden	<u>Hilfreiche Freunde</u> • Glocken• Schirm • Kuan Yin

Eingang